Constantin D. Dimitresco

**Der Schönheitsbegriff**

Eine ästhetisch-psychologische Studie

Constantin D. Dimitresco

**Der Schönheitsbegriff**
*Eine ästhetisch-psychologische Studie*

ISBN/EAN: 9783743344396

Hergestellt in Europa, USA, Kanada, Australien, Japan

Cover: Foto ©Thomas Meinert / pixelio.de

Manufactured and distributed by brebook publishing software (www.brebook.com)

Constantin D. Dimitresco

**Der Schönheitsbegriff**

# Der Schönheitsbegriff.

Eine ästhetisch-psychologische Studie.

## Inaugural-Dissertation

zur

## Erlangung der Doctorwürde

von der

philosophischen Facultät der Universität Leipzig

genehmigt.

Von

**Constantin D. Dimitresco,**
Professor der Philosophie am Lyceum zu Barlad.

Seinem Vater

# Demeter Dimitresco

in

kindlicher Liebe und Dankbarkeit

gewidmet

vom

Verfasser.

# Vorwort.

Indem wir uns in der vorliegenden Schrift den Schönheitsbegriff als Gegenstand unserer Untersuchung vorgenommen haben, lag es in unserer Absicht, einen Beitrag zur Lösung der gegenwärtigen Controverse zwischen Form- und Stoffästhetik vom Standpunkte der ersteren und auf dem Grunde einer positiven Untersuchung des Gebietes zu liefern. Der Grundgedanke unseres Versuches besteht darin, dass wir nicht bloss zwei bildende Factoren der Schönheit, sondern sogar zwei besondere Hauptformen derselben annehmen. Wir unterscheiden eine rein formale Schönheit, wobei die objectiven Verhältnisse der Formen den Grund des ästhetischen Gefallens bilden, und eine geistig belebte Form derselben, wobei die objectiven Formen in Beziehung zu einem subjectiven Gehalte stehen, bei welcher also die beiden Hauptfactoren der Schönheit zum ästhetischen Totaleindrucke mitwirken, mithin bloss in dem Verhältnisse derselben zu einander die wahre

Grundlage der Erregung unseres ästhetischen Gemüthes liegt. Dürfte sich diese Annahme wirklich berechtigt finden, so wäre damit einerseits die Formästhetik in ihrem Rechte: 1. inwiefern es ebensowohl in der Kunst wie auch in der Natur Schönheitserscheinungen giebt, die bloss einen formalen Werth besitzen können; 2. inwiefern die Formverhältnisse die Grundbedingung aller Schönheitserscheinung überhaupt bilden. Anderseits aber auch die Stoffästhetik wäre damit in ihrem vollen Rechte, inwiefern das Vorhandensein eines **geistigen, idealen Inhalts** der Schönheitserscheinungen — wenn auch nicht in allen, doch in den meisten gegebenen Fällen — vom Standpunkte des psychologischen Princips der **Association** und desjenigen der **natürlichen Symbolisirung** als eine unzweifelhafte Thatsache feststeht. Jedenfalls bitten wir den wohlwollenden Leser, diesen Versuch bloss als den gelegentlichen Ausdruck einer Meinung zu betrachten, und zugleich dem Verfasser desselben — einem Fremden — die Kühnheit, deutsch geschrieben zu haben, zu verzeihen.

Leipzig, 28. Juli 1877.

**D. V.**

# Inhalt.

|  | Seite |
|---|---|
| I. Einleitender Theil | 1 |
| II. Systematischer Theil | 18 |

### Erstes Capitel.
Die objectiven Elemente des Schönen . . . . . . . . . . 23

### Zweites Capitel.
Die subjectiven Elemente des Schönen und ihre Beziehungen zu den objectiven . . . . . . . . . . . . . . . . 33

### Drittes Capitel.
Das Schöne in der Natur und Kunst . . . . . . . . . 47

III. Schluss . . . . . . . . . . . . . . . . . . . 79

# Der Schönheitsbegriff.

## I.
## Einleitender Theil.

Was ist das Schöne? — Die berühmtesten Denker des Alterthums und der neueren Zeiten haben dieser Frage einen grossen Theil ihrer geistigen Bestrebungen gewidmet, und obgleich in dem kurzen Zeitraume von kaum etwas mehr als einem Jahrhundert — seitdem die Wissenschaft des Schönen unter dem Namen der Aesthetik als eine besondere philosophische Disciplin begründet wurde — ihre Literatur verhältnissmässig sehr reich ist, trotzdem stehen wir heute dieser Frage gegenüber beinahe mit derselben Unentschlossenheit wie im Anfange. Es ist wahr, dass jede philosophische Schule oder Kunstschule uns eine fertige Antwort darauf darzubieten vermag, aber diese Schulen widerstreiten sich in ihren Ansichten oft so sehr, dass wir am Ende uns die Frage stellen müssen, ob das Problem in der That nicht ein total oder partiell unauflösbares Räthsel sei?

In der Aesthetik überhaupt sind in der That bis jetzt zwar viele einzelne Fragen beantwortet; es ist hier nicht der Ort, alle diese Resultate aufzuzählen, es genügt, bloss auf die Arbeiten von Helmholtz, Fechner, Zeising, Herbart, Zimmermann, Vischer etc. hinzuweisen. Aber gerade die allgemeinste Frage, das *punctum saliens*, um welches sich die anderen gruppiren und damit die einzelnen auf empirischem Wege gefundenen Gesetze ihre letzte Begründung als Theile eines Ganzen und als ästhetische, wissenschaftliche Wahrheiten finden müssten, die höchste Kategorie — der Schönheitsbegriff — durch deren positive Begründung zugleich auch eine fest bestimmte Methode für weitere Untersuchungen zu gewinnen wäre, ist bis jetzt unbestimmt und in die Verschiedenheiten der Meinungen verwickelt geblieben. Das eben erklärt auch, warum einer der hervorragendsten Autoren der Aesthetik*) in den letzten Zeiten diese Wissenschaft als „noch in den Anfängen begriffen" anerkannt hat.

Der grösste Theil der bedeutendsten Untersuchungen über das Schöne, wovon die Geschichte der Aesthetik erzählt, ist in Betreff der principiellen Frage, bloss eine Hin- und Herschwankung zwischen zwei entgegengesetzten Auffassungen desselben: es wird nämlich entweder die subjective oder die objective Seite des Schönen besonders hervorgehoben. — Schon bei Plato finden wir eine solche Schwankung zwischen diesen zwei Auffassungen des Schönen, als Verhältniss der Formen**) und als Erscheinen der Idee. Aristoteles aber hält die reine, formale Maassbeschaffenheit des Schönen fest. Für ihn wird das Schöne etwas Zusammengesetztes, aus Theilen bestehendes, und als solches, Vollkommenheit, Ordnung der Theile, Grösse und Einheit in der Mannigfaltigkeit. Daher wird er der eigentliche Vater der reinen Formalisten in der Aesthetik genannt; ebenso wie Plato, trotz des Werthes, den er, selbst im Philebos, Hippias und Timäos auf die Form legt, weil er im Phädros, Gastmahl und in der Republik das Schöne in die reine Idee setzt, der Urheber des ästhetischen Idealismus oder der materiellen Schönheitsphilosophie wird. Endlich bei Plotin finden wir einen weiteren Schritt zur Abstraction und zum Spiritualismus (oder Subjectivismus). Bei ihm ist nicht mehr die künstlerisch gestaltete Wirklichkeit, sondern der Begriff selbst, das Absolute, das Schöne, im Gegensatz zur Begrenzung d. h. zur Materie. Plotin bildet den Ausgangspunkt der christlichen Aesthetik, auf dualistische Anschauung der Welt und auf Geringschätzung der Materie begründet. Die Plotin'schen Ideen wurden später durch St. Augustinus christianisirt.

Aber die ästhetischen Theorien des Alterthums bilden kein System, sie sind nur gelegentlich zerstreute Gedanken. Erst in

---

*) Fr. Th. Vischer: „Kritische Gänge" (neue Folge) Heft. VI.
**) Vgl. Zimmermann: Geschichte der Aesthetik. Cap. 1.

der Mitte des 18. Jahrhunderts in der Wolf'schen Schule finden wir den ersten Versuch Baumgarten's. die Theorie des Schönen systematisch, als eine besondere philosophische Disciplin, neben Logik und Ethik, unter dem Namen der „Aesthetik" zu behandeln, und so gilt Baumgarten für den Begründer der Aesthetik. Er begründet sie auf eine unvollkommene Gliederung der Denkprocesse und Bewusstseinsthätigkeiten. Er nimmt nämlich eine sinnliche Erkenntniss, eine Verstandeserkenntniss und einen sittlichen Willen, als Processe dreier verschiedener Seelenvermögen, denen drei Arten der Vollkommenheit entsprechen, an: das Schöne ist die Vollkommenheit des ersten, das Wahre des zweiten, das Gute des dritten Vermögens, aus deren wissenschaftlicher Untersuchung drei verschiedene Wissenschaften entstehen: Aesthetik, Logik und Ethik. Damit war zum ersten Mal eine, wenigstens phänomenologische strenge Begrenzung und Unterscheidung, des Schönen vom Guten und Wahren — die im Alterthume so oft untereinander gemischt wurden — gegeben. Baumgarten stellt als wesentliche Bestimmung der Schönheit auf: „Ordnung der Theile und zwar sowohl in ihrem Verhältniss zu einander, als zum Ganzen"; als Zweck derselben Wohlgefallen und Erregung eines Verlangens nach ihrem Besitze. Aber damit giebt er seinen Nachfolgern (Sulzer, Mendelssohn und Moritz) die Gelegenheit das Gute und Schöne wieder untereinander zu mengen, indem sie als Hauptabsicht des Kunstschönen die Erweckung eines lebhaften Gefühls für das Wahre und Gute aufstellen. Ihnen gegenüber treten nun Winckelmann und Lessing. Ihre ästhetischen Arbeiten charakterisiren sich: 1. durch die Anerkennung einer formellen Schönheit der menschlichen Gestalt, von der schönen Seele unabhängig; 2. dadurch, dass ihre Reflexionen über das Schöne auf dem Grunde des reichen Inhalts des durch die Kunstgeschichte gegebenen Stoffes beruhen. „Bloss aus allgemeinen Begriffen über die Kunst vernünfteln — sagt Lessing — kann zu Grillen verführen, die man über kurz oder lang zu seiner Beschämung in den Werken der Kunst widerlegt findet." Und weiter fügt er hinzu: „Was die alten Künstler gethan, wird mich lehren, was die Künstler überhaupt thun sollen."[*]) 3. Durch die Bestrebung zur Reinigung des

---

[*]) Lessing: Laokoon, § 26.

allgemeinen ästhetischen Geschmacks und seine Rückkehr zu den gesunden Anschauungen der antiken Werke. Eben durch diese Anschauung der antiken Kunst sind beide zur Anerkennung eines geistigen Elements, einer **Idee**, in der Formschönheit erscheinend, die mit der materiellen Formschönheit zusammen die höchste ideale Schönheit bildet, geführt worden.

**Winckelmann** unterscheidet Naturschönheit, Schönheit des Contours, Schönheit des Gewandes, Schönheit des Ausdrucks und Schönheit der technischen Behandlung; diese Momente verbinden sich zu dem **vollen, concreten Begriff der Schönheit**, in welchem eine Reihe von Stufen unterschieden werden können: 1. **Materielle Formschönheit**, in der Lineatur der Gestalt überhaupt; 2. **idealische Schönheit** in der Haltung, in der edeln Einfalt und in der stillen Grösse; 3. **Schönheit des Ausdrucks**, welche, da sie nur unter Voraussetzung der ersten beiden möglich erscheint, die höchste Verwirklichung des antiken Schönheitsideals ist.

**Lessing** führt die Winckelmann'sche Aesthetik besonders nach der Seite der Poesie zur höheren Entwickelung fort. Formen des Nach- und Nebeneinander sind es nach Lessing, auf welchen jede Art der Schönheit beruht, und damit stimmt er mit Baumgarten überein, dessen Vollkommenheitsbegriff nichts anderes als den reinen formalen Begriff des Zusammenstimmens eines Mannigfaltigen zur Einheit enthält; aber zugleich verlangt Lessing **ideale Formen**. Die Verkörperung abstracter Ideen in den griechischen Göttergestalten bringt ihn zu dem Gedanken, dass zum Ideal der Form wesentlich **eine Idee als Inhalt** gehöre.

Nachdem **Hirt**, ein einseitiger Vertreter des Winckelmann'schen Schönheitbegriffs, das **Charakteristische** als das einzig wesentliche Element des Kunstschönen angenommen hatte, finden wir später, noch prägnanter als bei seinen Vorfahren, die Vereinigung der beiden geistigen und objectiven Momente des Schönen bei **Goethe**, indem er das **Bedeutende** als Einheit der reinen Form mit dem geistigen Inhalt, für das wahre Wesen, nicht nur der Kunstschönheit, sondern der Schönheit überhaupt erklärt, und Form und Inhalt als ungetrennte Begriffe der Natur- und Kunstgestaltungen annimmt. Winckelmann, Lessing und Goethe bilden die objective ästhetische Auffassung auf Grundlage des künstlerischen Erfahrungsstoffes, ihre Aesthetik nimmt

den empirischen Charakter an, ihr fehlt aber die subjective Begründung, das Studium dieser Seite bildet den Gegenstand der Kant'schen Aesthetik. Kant stellt sich lediglich auf den Standpunkt des subjectiven Erkennens, aus dessen Natur er die Formen und Gesetze des Schönen zu abstrahiren versucht. Seine Philosophie ist ein subjectiver Kriticismus; denselben Charakter hat auch seine Aesthetik. Er nimmt das Ding an sich als unerkennbar an, mithin ist alle Erkenntnis subjectiv; dies will indessen nicht heissen, dass es keine objective Welt, sondern nur, dass es keine objective Erkenntniss gebe. Nun, indem alle Erkenntniss von subjectiven Formen und Kategorien bestimmt wird, sucht er consequenterweise auch für die Aesthetik in dem Subjecte die fertigen Kategorien des Schönen zu finden, und diese glaubt er in den Kategorien der Urtheilskraft gefunden zu haben. Was die Bestimmung des Schönen betrifft, gelangt er zu dem Resultate, dass das Schöne ist, was, in subjectiver Beziehung, ohne Begriff und ohne praktisches Interesse, allgemein und nothwendig gefällt; in objectiver Beziehung, die Form der Zweckmässigkeit eines Gegenstandes, sofern sie ohne Vorstellung eines Zweckes wahrgenommen wird.\*)
Trotz der concreten, werthvollen Bestimmungen, zu denen er in der praktischen Aesthetik gelangt, leiden seine principiellen Erörterungen an dem Mangel einer genügenden Psychologie, er bewegt sich immer auf dem Grunde der Wolff'schen Psychologie und dadurch geräth er in dialektische (apriorische) Gliederungen. In dieser Hinsicht bemerkt Max. Schasler\*\*) sehr triftig, dass die Früchte seines Philosophirens besser sind, als der Stamm, den er pflanzte, hoffen liess. Der Grund davon ist der, dass diese Früchte zwar auf diesem Stamm gewachsen sind, aber die Zweige, an denen sie hängen, erst nach und nach ihm inoculirt wurden".

Die Reform, welche durch die Kant'schen Theorien in der Aesthetik vermittelt wurde, besteht in der Rückführung des Schönen auf die harmonische Thätigkeit des Verstandes und der Einbildungskraft, die Erklärung desselben seinem subjectiven

---

\*) Im. Kant: Kritik der Urtheilskraft.
\*\*) Max. Schasler: Aesthetik als Philosophie des Schönen und der Kunst. I. Band: „Kritische Geschichte der Aesthetik". S. 549.

Ursprung, nicht seinen objectiven Regeln nach. Dieses Princip wurde noch mehr in den ästhetischen Arbeiten Schiller's, Jean Paul's und Wilhelm von Humboldt's betont und weiter entwickelt, es ist sogar der Grundzug aller Aesthetik nach Kant geworden.

Schiller erkennt alle Sätze der Kant'schen Aesthetik an, aber er sucht zugleich für dieselben einen allgemeinen Grund in einer besonderen Eigenthümlichkeit der menschlichen Seele. Wie Kant die Harmonie der Vernunft und der Einbildungskraft als Bedingung des Schönen stellte, so nimmt Schiller als Quelle des Schönen einen besonderen Trieb an, welcher nach der Harmonie der Sinnlichkeit mit der Vernunft strebt, und den er, im Unterschiede vom Stofftrieb und Formtrieb, Spieltrieb nenut, weil er im freien Spiele die wahre ästhetische Menschennatur — die Schönheit — zur Anschauung bringt. Nicht die Wirkung des Objects auf das Subject, nicht die besondere Beschaffenheit des Objects selbst, sondern der Ursprung des Schönen in dem Gemüth, die ästhetische Natur des Menschen charakterisirt die Schönheit, die also in der Einheit der Form und des Stoffes besteht. Diese Einheit ist aber ein reines Ideal, das in der Wirklichkeit, wo entweder der Stofftrieb oder der Formtrieb über den anderen vorwaltet, wenig anzutreffen ist. In der concreten Erscheinungsform des Schönen nimmt er zwar auch einen concreten Inhalt, aber dieser bleibt, seiner Meinung nach, für die Schönheit indifferent: „in einem wahrhaft schönen Kunstwerke soll der Inhalt nichts, die Form aber alles thun, denn durch die Form allein wird auf das Ganze des Menschen, durch den Inhalt hingegen nur auf einzelne Kräfte gewirkt."*) Ebenso consequent nach der Kant'schen Aesthetik betont Humboldt die schöpferische Einbildungskraft und ihre freie Gesetzmässigkeit als Quelle der Schönheit, sie idealisirt die Natur und erzeugt das Schöne; „der Künstler hebt die Natur aus den Schranken der Wirklichkeit empor und führt sie in das Land der Ideen hinüber, schafft seine Individuen in Ideale um" — sagt Humboldt. — Er wollte irgendwie die Kant'sche Kritik der Urtheilskraft zu einer Kritik der Einbildungskraft umgestalten und ist so der erste gewesen, welcher, um in heutiger Sprachweise zu sprechen,

---

*) Schiller's Briefe über die ästhetische Erziehung: Brief 12.

die Aesthetik wesentlich als **Physiologie der Phantasie** auffasste.*) Auf diesem Humboldt'schen Standpunkte der Ableitung alles Aesthetischen aus der Phantasie steht unter den neueren Aesthetikern besonders **Köstlin**.\*\*) Er meint, dass nicht bloss die Kunst, sondern das gesammte ästhetische Verhalten, insbesondere das ästhetische Empfinden und die demselben zum Ausdruck dienenden Begriffe, somit vor allem der Schönheitsbegriff selbst aus dem subjectiven Geistesleben abzuleiten seien, und dass es nicht etwa die von den übrigen Kräften und Vermögen des Menschen isolirte und losgerissene, sondern die mit ihnen in lebendiger Gemeinschaft und Wechselwirkung stehende Phantasie ist, an welcher wir überall bei allen ästhetischen Fragen uns halten müssen. — So wichtig dieser psychologische Gesichtspunkt für die Bestimmung der ästhetischen Begriffe auch ist, so ist er doch nicht hinreichend, wie es weiter unten nachgewiesen wird, für eine völlige wissenschaftliche Begründung derselben.

In dem 19. Jahrhunderte finden wir immer denselben Streit zwischen zwei entgegengesetzten Richtungen, welcher noch bis heute fortdauert: einerseits die Betrachtung der inneren Seite, des Gehalts, als Wesen des Schönen, in dem Idealismus von **Fichte**, **Schelling**, **Hegel** und seinen Schülern, **Solger**, **Vischer** etc., die das **Schöne als Erscheinung des an sich werthvollen, idealen Gehalts in der, nur durch ihn, werthvollen Form**, festgestellt haben wollen; andererseits die Betrachtung der äusseren Seite, des objectiv Sichtbaren und Hörbaren, der **Form**, in dem Realismus **Herbart's** und seiner Schüler, unter denen **Zimmermann** für die Aesthetik eine hervorragende Stelle einnimmt. **Schopenhauer** mit seinen Platon'schen Ideen nimmt eine mittlere Stelle zwischen Realismus und Idealismus ein. **Zimmermann** in seiner Geschichte der Aesthetik behandelt ihn als Idealist, **Schasler** in der seinigen als Realist; dies erklärt sich durch den unbestimmten Standpunkt Schopenhauer's zwischen diesen beiden Systemen; für ihn ist das Schöne Platon'sche Idee, d. i. ewige **Form** (Typus), aber diese Form ist zugleich anpassende Objectivirung (Vor-

---

\*) H. Hetter: Vorrede zu W. v. Humboldt's „Aesthetische Versuche".

\*\*) Köstlin: Aesthetik, Tübingen 1869.

stellung) des **Willens**, des **An-sich**, d. h. sie ist zugleich Gehalt oder **Idee**; so kann er auch für einen **Idealisten** oder Aesthetiker des Gehaltes genommen werden.

Beachtenswerth noch für den Unterschied der ästhetisch-theoretischen Bewegung des 18. und 19. Jahrhunderts ist die Thatsache, dass während alle bedeutenden Aesthetiker des 18. Jahrhunderts mehr oder weniger auf die Kunsterfahrung sich beziehen und namentlich für die Objectivisten, die **Plastik**, die mehr Objectivität besitzt, für die Subjectivisten, die am meisten subjective Kunst — die **Poesie** — zum Ausgangspunkte ihrer Kritik wird, wodurch ihre Theorien einen **empirischen Charakter** bewahren, die Idealisten unseres Jahrhunderts hingegen (im Unterschiede von einem Winckelmann, Lessing etc.) sich besonders durch den **speculativen Charakter** ihrer Theorien kennzeichnen. Statt der objectiven Anschauung finden wir bei ihnen die metaphysischen Principien und Kategorien, als Ausgangspunkte zur Deduction der ästhetischen Theorien gebraucht. In dieser Weise nimmt die Aesthetik, besonders in der ersten Hälfte unseres Jahrhunderts, einen durchaus speculativen metaphysischen Charakter an, ohne dadurch aber eine entscheidende Erörterung der ihr zugestellten Fragen zu gewinnen; im Gegentheil die wahren ästhetischen Fragen sind zu oft im Hintergrunde geblieben. Zimmermann bemerkt hierauf, dass der Fehler der speculativen Aesthetik war, dass sie stets nach der Ursache des Scheins, statt nach den **Gründen des Gefallens** des Scheins suchte, und also ein theoretisches (psychologisches und metaphysisches) Problem bearbeitete, statt des Aesthetischen: dadurch gerieth sie auf den Irrweg, die letzte Ursache, das **Absolute**, auch für den letzten Grund des Gefallens anzusehen, und das Schöne nicht gefallen zu lassen, weil es schön ist, sondern weil es Erscheinung des Absoluten, der Idee oder weil es von Gott sei.\*)

Die Einseitigkeit des speculativen Idealismus erklärt die Nothwendigkeit der formalrealistischen Reaction Herbart's, welche zugleich als eine Reaction gegen den psychologischen Subjectivismus zu betrachten ist. Die anregenden ästhetischen Arbeiten Herbart's bewahren den Charakter der Objectivität, ihnen liegt zu Grunde eine Kunstanschauung, die dem mathematischen Cha-

---

\*) Zimmermann: „Aesthetik als Formwissenschaft" §. 155.

rakter seiner Philosophie am nächsten steht — die Musik. — Er stellt das Princip auf, dass das Wohlgefallen an dem Schönen sich nicht auf den materiellen Inhalt desselben, sondern auf seine Form bezieht, und sucht ferner die objectiven, quantitativen und qualitativen Verhältnisse der Form zu bestimmen und die ästhetischen Gesetze festzustellen. Dies führt ihn zur Anerkennung, nicht eines einzigen Ideals der Formverhältnisse für das ganze Gebiet des Natur- und Kunstschönen, sondern ebenso vieler, als es verschiedene Gebiete des Schönen giebt; andere Gesetze beherrschen die intensiven Formen im Reiche der Farben und Töne, andere die extensiven in den Gestaltungen der Natur und Kunst etc. Diese Zurückführung des ästhetischen Wohlgefallens und der ästhetischen Beurtheilung auf Form, Maass und Verhältnisse wurde auch von den späteren Idealisten bestritten; sie hielten an den geistigen Idealen fest, nach welchen bloss die Veranschaulichung einer Idee den Werth eines Kunstwerkes bestimmt; aber selbst da, wo dies der Fall ist, muss die Form, in welcher die Idee in die Anschauung tritt, der Idee entsprechen, bemerkt sehr triftig Drobisch,*) und auch dies ist ein Verhältniss.

Der überwiegende Einfluss der Naturwissenschaften in den letzten Jahrzehnten brachte mit sich eine besondere Neigung zu positiven Untersuchungen, eine Abneigung gegen Speculationen im Allgemeinen und eine realistischnaturalistische Weltanschauung; damit aber stellt sich auch ein Bestreben ein zur Begründung einer positiven Aesthetik, einer von unten, d. h. von der Erfahrung ausgehend gebauten. Semper z. B. geht so weit in seiner praktischen Aesthetik, dass er der speculativen Aesthetik dasselbe Schicksal prophezeit, welches die Naturphilosophie Schelling's traf, nämlich wie diese die exacte Forschung, werde jene die empirische Aesthetik zur Nachfolgerin haben. Dieser Richtung gehören die ästhetischen Arbeiten von Fechner**) Helmholtz***) Zeising†) etc. — die zugleich sehr nahe

---

*) Ueber die Fortbildung der Philosophie durch Herbart. Rede, gehalten am 4. Mai 1876. Leipzig. S. 34.
**) „Zur experimentalen Aesthetik" und — „Vorschule der Aesthetik." Leipzig 1876.
***) Besonders Tonempfindungen III. Aufl. 1870.
†) Aesthetische Forschungen.

dem Realismus Herbart's stehen. Aber allmählich zeigte sich diese absolute, aus dem Kampfe hervorgegangene Isolirung der Speculation von der Erfahrung, als nachtheilig für beide Gebiete des menschlichen Wissens, und einerseits fühlten die Naturwissenschaften selbst die Nothwendigkeit, sich mehr und mehr der Speculation anzunähern; andererseits fand sich auch die Philosophie genöthigt, aus den höheren Regionen der abstracten Speculation zur Erfahrung hinabzusteigen und ihre kühnen Speculationen in stäten Vergleich mit den Resultaten der Erfahrungswissenschaften zu prüfen. In dieser Weise ermöglichte sich eine Versöhnung des Idealismus mit dem objectiven Realismus, so dass die gegenwärtige Lage der Philosophie am meisten durch die Bestrebung zur Begründung einer **wissenschaftlichen Philosophie**, d. i. einer Philosophie, die auf den letzten Resultaten der **Erfahrungswissenschaften** beruht, bezeichnet ist. Es ist selbstverständlich, dass eine neue Weltanschauung eine neue Auffassung des Schönen mit sich bringen muss; dieselbe Bestrebung, Idealismus und Realismus miteinander zu versöhnen, findet sich auch in der neueren Aesthetik; die meisten der neueren ästhetischen Werke und Monographien stimmen darin überein: Die Nothwendigkeit einer idealrealistischen Auffassung der Schönheit **im Princip** anzuerkennen. Die ästhetischen Arbeiten von **Carriere**, **Conr. Hermann**, **Köstlin**, **Lotze**, **Horwicz**\*), **Siebeck**\*\*) und **Schasler** — um nur einige von den bekanntesten Vertretern hier zu erwähnen — gehören dieser neueren Richtung an. Ebenso liefern **Herb. Spencer**, **A. Bain** und **Wundt** in ihren psychologischen Werken die Fundamente zu einer solchen Begründung. Selbst **Fr. Th. Vischer**, der hervorragendste Vertreter der idealistischen Aesthetik, erkennt in den „Kritischen Gängen" bis zu einem gewissen Punkte den Werth der Formenlehre in der Aesthetik an. Er nimmt an, dass es die Form sein muss, die ästhetisch wirkt, denn die Form ist eine Ordnung; Ordnung aber ist geistig, ist eine **Einheit in vielem**, ein Einklang; ist dieser Einklang ein mangelloser, vollkommener, so heisst er **Harmonie**, und ist ein Bild, geistiges Sinnenzeugniss des **Welteinklangs**. Es muss also (ästhetisch) vom Stoff ab-

---

\*) Grundlinien eines Systems der Aesthetik. Leipzig 1869.
\*\*) Das Wesen der ästhetischen Anschauung. Berlin 1875.

## I. Einleitender Theil.

gesehen und bloss auf die **Form** gesehen werden; dieses Princip, wie er bemerkt\*), wird auch in seinem Hauptwerk\*\*) zu finden sein. Aber er nimmt einen gefüllten Formbegriff, d. h. Einheit von **Form** und **Gehalt**, als absolut nothwendige Bestandtheile des Schönen im Allgemeinen an; also er will, dass überall, wo etwas Schönes anzutreffen ist, Gehalt und Form sich nothwendigerweise nachweisen lassen müssen. Demzufolge ist er weit davon entfernt, eine bloss formale Schönheit anzuerkennen (wie natürlich auch keine Schönheit des Gehalts ohne Form sein kann: denn, wie er meint, ist das Schöne immer an die Sinnlichkeit gebunden, und als solches muss es zugleich auch Form sein); nur in der **innigen Verbindung zur Einheit beider Momente** will er das Schöne finden. Es lässt sich aber weiter fragen, ob das Vorhandensein dieser beiden Elemente **überall** absolut nothwendig sei? Ob nicht eine selbständige Schönheit der **objectiven** Formen für sich als solche anzuerkennen wäre — wie es z. B. Köslin annimmt — nebst einer zusammengesetzteren Schönheit, wo Form und Inhalt sich durchdringen? Weiter, ob nur diese Formen — die **objectiven, anschaulichen** — als Formen anzunehmen wären, wie Vischer es versteht; oder das Wort „Form" in einer allgemeineren Auffassung zu gebrauchen sein würde, wie es bei **Zimmermann** zu treffen ist, der die Form als **Art der Verbindung der Theile im Allgemeinen** betrachtet. Denn überall wo irgend es eine **Vielheit des Neben- und Nacheinander** giebt, seien es **objective** oder **subjective** Momente; es kann doch immer von der **Art und Weise** ihrer Verbindung die Rede sein: alles dies wird also einer bestimmten **Form** empfänglich. Diese vorhin gestellten Fragen werden wir in dem nächstfolgenden systematischen Theile zu beantworten versuchen.

Wenn wir nun die bis jetzt erlangten Resultate dieser **idealrealistischen Richtung** etwas näher betrachten, so leuchtet ein, dass trotz der Uebereinstimmung im Princip die letzten Schlussfolgerungen, zu denen sie gelangt sind, doch ziemlich **verschieden** von einander bleiben, so dass die gewünschte Einheit und der streng wissenschaftliche Charakter des Systems immer ein **Postulat** für die Zukunft bleibt; wie ist diese Verschiedenheit aber zu erklären?

---

\*) In den Kritischen Gängen. Heft V. S. 50.
\*\*) F. Th. Vischer. Aesthetik §§. 54 u. 55.

Schon im Anfange haben wir den Satz aufgestellt, dass es sich nicht um eine neue Eroberung des ganzen Gebietes der Aesthetik handelt, wie es die meisten neueren Populärästhetiker andeuten, sondern dass der heutigen Gestaltung der Wissenschaft zuerst die feste Begründung ihrer höchsten Kategorien fehlt, welche dann als ein S c h e m a das Ganze zur Einheit und klaren Ansicht bringen dürfte; und zweifelsohne, aus dem Gesichtspunkte dieser festgestellten Kategorien müsste mit der Prüfung des Ganzen zugleich auch die n e u e Bearbeitung einzelner Gebiete, die bis jetzt vielleicht noch in Dunkel und Verworrenheit liegen, erfolgen. Ein Beispiel aus der Entwickelung der Physik mag hier als Vergleich dienen: Als der Physik die einheitliche Kategorie der B e w e g u n g, durch welche die neuere Wissenschaft das gesammte Gebiet der Erscheinung erklärt, noch fehlte, waren doch viele unmittelbaren Gesetze der einzelnen Erscheinungen auch ohne dies festgestellt, und die neuere Physik brauchte nicht alles vom Anfang an nochmals aufzufinden; die einzelnen Gesetze sind grösstentheils dieselben geblieben und nur mit dem neueren Princip in Uebereinstimmung gebracht, allein in den Fällen, wo dies nicht möglich war, sind neue Untersuchungen und Experimente angestellt und neue Gesetze oder Erklärungen entdeckt oder gefunden worden. Gerade dasselbe wird vergleichungsweise auch auf dem Gebiete der Aesthetik zu erwarten sein. Allein, wenn die wissenschaftliche Feststellung der ästhetischen Kategorien auf einem idealrealistischen Grunde geschehen soll, so muss schon im Anfange die Frage: w i e d i e s e Verbindung zweier entgegengesetzten Theorien sich zu vollziehen habe, aufgestellt werden. Um zwei streitende Principien ineinander zu verschmelzen, brauchen wir ein h ö h e r e s P r i n c i p, dem diese untergeordnet sein würden, und auf dessen Grunde diese Verschmelzung geschehen kann und m u s s: sonst kommen wir, ohne einen solchen höheren zureichenden Grund, zum E k l e k t i c i s m u s, und dieser hat sich schon ü b e r a l l, sowohl in der Philosophie als in der Kunst, als ungenügend erwiesen. Woher könnten wir aber diese höhere Kategorie, die ein hinreichender Grund für die nothwendige Verbindung des Idealismus und des Realismus in der Aesthetik würde, und zugleich die Art und Weise dieser Verbindung bedingte, nehmen? Von einem fertigen metaphysischen System auszugehen, erweist sich als unpraktisch, denn die Metaphysik selbst beschäftigt sich mit einem

## I. Einleitender Theil.

Gebiete des Wissens, wo die sichere Feststellung der Principien bis jetzt noch fehlt, diese haben einen **hypothetischen** Charakter, eben weil ihr die **Beweise fehlen**. Die Metaphysik selbst wendet sich überall, wie schon erwähnt wurde, an die Erfahrungswissenschaften, um von ihnen zu lernen, wie weit ihre Ziele erreichbar sind. Wenn aber der Weg von **oben** nicht rathsam einzuschlagen ist, so bleibt nur noch der Weg von **unten** übrig, d. h. aus der Beobachtung der Schönheit, überall wo sie zu finden ist — in der **Natur und in der Kunst** — ihr **Wesen zu begreifen**, was in unserem Sinne gleichbedeutend mit der Bestimmung des **substantiellen Inhalts** ist. Hier finden sich aber noch zwei Richtungen möglich: 1. die **experimentelle** oder die objective Richtung von Fechner\*), d. i. die Begründung der ästhetischen Begriffe und Gesetze auf die Beobachtung des zeitlich und örtlich Schönen und auf die Erfahrungen und Experimentirungen über das, was in den meisten Fällen gefällt oder missfällt; 2. die psychologische Richtung, auch als **anthropologische** bezeichnet\*\*). Von diesen zweien möglichen Methoden kann die erstere einige praktische Gesetze finden, aber das Wesen des Schönen kann dadurch nicht begriffen werden; nur in Rücksicht der zweiten können wir die Genesis des Begriffs, d. i. seine Entwickelung erklären, und wenn auch nicht das absolute Wesen des Schönen, wenigstens was „schön" für die Menschheit heisst, ergründen. — Beide Methoden, die experimentelle und die psychologische, sind von gleicher Bedeutung für ästhetische Erörterungen, sie vervollständigen sich gegenseitig, ebenso wie z. B. die Moralstatistik und die Psychologie zur Begründung einer positiven Sociologie. Allein, wenn wir eine **positive** Bestimmung des **substantiellen Inhalts** des Schönheitsbegriffs gewinnen wollen, so stellt sich uns **zunächst** als der einzig natürliche Weg dar, die **Genesis des Begriffs zu verfolgen**; der Begriff selbst ist aber ein geistiges Moment, wir finden ihn als **subjectiven Geist** im Bewusstsein des Individuums und als **objectiven Geist** in den Werken der Kunst. Die Entwickelung der Kunst ist ein äusserlicher Wegweiser für die Bestimmung der Entwickelung

---

\*) In den oben angeführten Werken. — In der Vorschule der Aesthetik. Vgl. insbesondere I. Theil. XIV. Cap. S. 184 ff.

\*\*) S. darüber **Schasler** a. a. O. III. Abschnitt. § 67. S. 1126. ff. Schlussbetrachtung. —

des ästhetischen Völkerbewusstseins, und als solcher ein Moment der Völkerpsychologie. Es genügt nicht, die Genesis dieses Begriffes in dem individuellen Bewusstsein zu verfolgen, dies möchte uns zu der Verirrung führen, für eine absolute Thatsache das, was bloss ein Moment in der Entwickelung, ein Product der früheren **Evolutionen** des geschichtlichen Lebens der Völker ist, zu nehmen; und in der That ist es bis jetzt nur zu oft der Fall gewesen. Man hat nur zu oft den Versuch gemacht, das ästhetische Gesetz schlechthin auf die **subjective** Natur des Culturmenschen zu begründen; es wurde als eine fertige Form des Bewusstseins angenommen, welche der Einzelne mit sich in die Welt bringe, die also eine **unwandelbare** sei, wesshalb nur die Entartungen der menschlichen Natur eine geschmacklose Kunst erzeugen und bewundern möchten. Aber die vergleichende Psychologie beweist im Gegentheil, dass das ästhetische Gesetz und folglich auch die **ästhetischen Begriffe** wenigstens theilweise ein Product der individuellen geistigen Bildung und des geschichtlichen Lebens\*), dass sie in den Umwälzungen des gesellschaftlichen Lebens mitbegriffen sind, dass die ästhetischen Gefühle und damit der ästhetische Geschmack in einem fortwährenden **Entwickelungsprocess** sich befinden, in dem Maasse als die materielle und intellectuelle Cultur der Völker fortschreitet, und dass sie sogar in einem solchen Zusammenhange damit stehen, dass der Verfall des einen von diesen Momenten den des anderen mit sich bringt. Als Beispiel sei hier angeführt: die Blüthe der griechischen Kunst in Perikleschen Zeiten und ihr Verfall während der Zeit der römischen Herrschaft. — Die Kunst kann allerdings bis zu einem gewissen Punkte fortgedeihen, auch in Zeiten und Orten, wo das politische Leben schon im Verfall begriffen ist: aber wie es Köstlin bemerkt\*\*), ein Fortgedeihen unter solchen Verhältnissen tritt nur da ein, wo ein gesunder, grossartiger Aufschwung des Gesammtlebens vorangegangen ist und noch nachwirkt. Die Kunstwerke einer solchen Epoche lassen doch immer die Nachwirkungen des Verfalls verspüren, so bleibt, wie schon oben behauptet wurde, ein bedeutender Unterschied zwischen griechischen Kunstwerken aus Hadrianischen und solchen aus den älteren

---

\*) Vgl. II. Theil. III. Cap.
\*\*) Aesthetik, S. 31.

Zeiten. Die eigentliche Blüthe des ästhetischen Lebens fällt immer zusammen mit der eigentlichen Blüthe, der Verfall derselben mit dem Verfall des gesammten politischen, intellectuellen und socialen Lebens.

Wie die gesammte Cultur, so sind auch unser ästhetisches Bewusstsein, unsere ästhetischen Anschauungen und Kategorien bloss als Producte der früheren Evolutionen anzunehmen: unsere jetzige musikalische Scala ist eine andere als die der Griechen, eine andere als die der heutigen uncultivirten, in der Entwickelung zurückgebliebenen Völker; unsere heutige Baukunst eine allmähliche Entwickelung aus der einfachen Hütte der Nomadenvölker u. s. w.; überall zeigt uns die Geschichte der Entwickelung der Kunst diese unter verschiedenen Kämpfen langsamen Fortschritte auf dem Wege der Cultur. Das ästhetische Problem der Völkerpsychologie besteht gerade in der Bestimmung des subjectiven Moments in dieser Entwickelung, in der Feststellung derjenigen äusseren Formen, die die **ästhetische Entwickelung des menschlichen Geistes** charakterisiren und in der Entdeckung derjenigen subjectiven Gesetze, durch welche die ganze Entwickelung bedingt wird.

Einerseits aus der Entwickelung des individuellen Bewusstseins, andererseits aus der Entwickelung des Völkergeistes, indem wir den objectivirten Geist auf verschiedenen Stufen seiner Entwickelung in den bis jetzt erhaltenen Kunstwerken vergleichen, müssen wir den Versuch machen, in das Geheimniss des Wesens des Schönen einzudringen und seine Hauptmomente zu bestimmen. — Ist es Form? Ist es Idee? Ist es beides zugleich? Das können wir bestimmen, nur indem wir seine Entwickelung untersuchen. Nur auf diese Weise lässt sich die Aufstellung einer **wissenschaftlichen Theorie des Schönen** hoffen.

Welche Stellung dürfen wir nun einer solchen wissenschaftlichen Aesthetik in dem Kreise der anderen Wissenschaften geben? Ist die Aesthetik eine besondere Wissenschaft? — und wenn, welche sind dann ihre Hülfswissenschaften? — Die ästhetischen Fragen finden eine besondere Betrachtung in verschiedenen speciellen Wissenschaften der Natur und des Geistes, die jede in ihrem Gebiete das Schöne oder seine Elemente aus verschiedenen Gesichtspunkten erklären und sogar zur Herstellung gewisser wichtiger Gesetze gelangen. **Die Physik** erforscht die Gesetze der Harmonie der Farben und Töne; die **Sociologie** die Evolutionen des ästhetischen Bewusstseins bei Rassen und Nationalitäten, in verschiedenen Zeiten etc. und sucht damit zugleich eine Erklärung der Verschiedenheiten der Kunstformen zu geben; die **Kunstarchäologie** sucht durch das Studium der erhaltenen Werke der Kunst uns nachzuweisen, **was, wie und unter welchen Bedingungen** im Laufe der Zeiten die Menschheit, in ästhetischer Beziehung, geschaffen hat; endlich die **Psychologie** erforscht die Gesetze der Lust und Unlust, des Gefallens und Missfallens im allgemeinen und des ästhetischen Gefallens insbesondere; in sie fallen die wichtigsten Fragen aus dem ästhetischen Gebiete. Allein so lange jede von diesen Wissenschaften ihre natürlichen Grenzen nicht überschreiten will, sind sie — jede für sich genommen — nicht einmal im Stande, das ganze ästhetische Problem zu lösen, sondern immer nur einen Theil desselben; sie sind nur Zweige einer empirischen Untersuchung des Schönen, ebenso wie die empirischen Wissenschaften gegenüber dem **kosmologischen Problem** nur einen Theil der allgemeinen Principien, die zu einer einheitlichen Weltanschauung führen müssen, begründen können, aber nicht diese Weltanschauung selbst. — Die letzten erforschbaren Gesetze des **Kosmos** können nur durch eine allgemeine Auffassung der gesammten Resultate dieser einzelnen Wissenschaften festgestellt werden, d. h. durch eine allgemeine Wissenschaft der Wissenschaften oder wie sie **Dühring** nennt: durch die höchste Form des Bewusstseins von der Welt und dem Leben\*) — die **Philosophie**. — So auch in den allgemeinen ästhetischen Fragen, gerade weil dasselbe Problem aus verschiedenen Gesichtspunkten, von verschiedenen Wissenschaften erforscht wird, ohne dass eine von diesen das ganze ästhetische Problem aufzufassen befähigt wäre, ergiebt sich die Nothwendigkeit einer selbständigen Wissenschaft, die sich als ihre besondere Aufgabe stellen muss, **die gesammten Resultate dieser verschiedenen speciellen Erforschungen zu synthetisiren**: dies ist die **Aesthetik**.

Hieraus erklärt sich also:

1. dass eine besondere Wissenschaft des Schönen im weiteren Sinne nothwendig sei;

---

\*) Dühring: Cursus der Philosophie. S. 2.

2. dass diese auf **Erfahrung** begründet werden müsse: Physik, Physiologie, Psychologie, Geschichte der Kunst, Archäologie etc. bilden ihre Hülfswissenschaften.

Aber eben diese **Abhängigkeit** der ästhetischen Fragen von so vielen anderen empirischen Wissenschaften und insbesondere von der Psychologie, deren wissenschaftliche Begründung als das Problem der letzten Jahrzehnte dieses Jahrhunderts sich erweist*), erklärt die langsame Entwickelung und die noch fehlende Begründung einer streng wissenschaftlichen Aesthetik.

Das Verdienst auf die **gegenseitige Abhängigkeit** der Wissenschaften in ihrer Entwickelung besonders aufmerksam gemacht zu haben, kommt in der neueren Philosophie **Aug. Comte**, dem Begründer des Positivismus, zu.**) Er sondert die **concreten** Wissenschaften von den **abstracten** ab und nimmt an, dass die ersteren von den letzteren abhängen. Die abstracten Wissenschaften selbst stellt er in einer Reihenfolge auf, welche gerade durch die **Stufenfolge ihrer Abhängigkeit** gebildet ist. Ferner betreffs der zeitlichen Entwickelung der Wissenschaften meint er, dass sie nur nach der Stufenfolge ihrer Abhängigkeit sich entwickeln können: die allgemeinsten entwickeln sich zuerst, und diejenigen, die weniger allgemein sind und am meisten complicirte Erscheinungen darbieten, zuletzt. Natürlich ist es der Fall, nur in sofern man von einer höheren Entwickelung derselben als positive Wissenschaften, nicht aber von ihren ersten Anfängen redet; denn in dieser letzten Hinsicht können die Wissenschaften bis zu einem gewissen Grade nebeneinander fortgedeihen, auch ohne diese strenge gegenseitige Abhängigkeit zu beobachten. Ob die Comte'sche Classification der Wissenschaften als richtig anzunehmen, oder ob sein Princip der Abhängigkeit der einzig natürliche Grund einer Classification der Wissenschaften sei, das müssen wir für den Augenblick dahingestellt sein lassen, nur eins wollen wir hervorheben, nämlich das **Princip der Abhängigkeit** selbst. Es ist sehr augenscheinlich, dass die Wissenschaften in

---

*) Vgl. Lazarus: „Das Leben der Seele." I. Band S. 232 ff. 2. Aufl. Berlin 1876.

**) S. darüber G. Lewes: Geschichte der Philosophie von Thales bis Comte. Bd. II. S. 750. ff.

ihrer Entwickelung von einander abhängen, eine die Grundwahrheiten für die andere liefert, und als solche die Bedingung *sine qua non* für die weitere Entwickelung und eine vollständige Organisirung derselben als positive Wissenschaft werden kann. Dies geschah z. B. mit der Physiologie, die trotzdem, dass ihre ersten Anfänge schon bei Aristoteles zu finden sind\*), wegen ihrer Abhängigkeit aber von der Chemie und Anatomie kaum in den allerneuesten Zeiten sich als positive Wissenschaft constituirt hat. Die Geschichte der Entwickelung der Wissenschaften liefert uns überall solche Beispiele, die die Anwendbarkeit des Princips der Abhängigkeit in der zeitlichen Entwickelung der Wissenschaften bestätigen; und so auch in der Aesthetik. Der wahre Grund der trägen Fortschritte derselben kann nur darin bestehen: 1. dass ihre Stellung in der Reihe der Wissenschaften und die Bestimmung der Wissenschaften, von denen sie abhängig ist, in einer hinreichenden Weise bis jetzt noch nicht stattgefunden hat; 2. weil die grundlegenden Wissenschaften selbst, von denen die Aesthetik abhängig ist, ein Erfolg der Bestrebungen der neueren Zeiten sind.

Nun, auf dem Grunde der früheren Erfahrungen und in dem Lichte der in dieser Einleitung für eine weitere Behandlung der ästhetischen Fragen, als durchaus nothwendig erwiesenen, leitenden Principien, wollen wir in dem folgenden II. Theil einen Versuch über die höchste Kategorie der Aesthetik — den Schönheitsbegriff — machen; wobei wir aber wegen der grossen Schwierigkeit der Aufgabe und der weit umfassenden Studien, die sie zu ihrer Lösung erfordert, mehr mit Andeutungen uns begnügen müssen.

---

## II.

## Systematischer Theil.

Das Schöne ist für uns zunächst ein **Begriff**, dessen **logischen** Inhalt zu bestimmen und daraus sein **wirkliches Wesen** zu begreifen, das Problem einer wissenschaftlichen Unter-

---

\*) Vgl. E. Littré: La Science au point de vûe philosophique. III. Edition. Paris 1873. S. 246—249.

## II. Systematischer Theil.

suchung bildet, dies ist die Aufgabe, deren allgemeine Umrisse wir uns in der vorliegenden Schrift zu entwerfen vorgenommen haben.

Nun haben wir in dem ersten Theil gefunden: 1. dass wir den Weg von unten einschlagen müssen; 2. dass wir auf diesem Wege die Genesis des Begriffes zu verfolgen haben; 3. dass dies nicht bloss in dem individuellen Bewusstsein, sondern auch in dem allgemeinen Bewusstsein der Menschheit geschehen soll, d. h. zugleich auf die Betrachtung der Entwickelung der Kunst begründet werden muss. — Demzufolge werden wir in diesem Theil zuerst die Bildung des Schönheitsbegriffes im Allgemeinen in dem individuellen Bewusstsein, zweitens die Verwirklichung dieses Begriffes in den Werken der Kunst und in den verschiedenen Auffassungen der Natur, wie auch die Hauptmomente seiner Entwickelung verfolgen. — Wir wenden uns zunächst an die psychologische Analyse des Schönheitsbegriffes im Allgemeinen in dem individuellen Bewusstsein; und nur später (in dem dritten Capitel) werden wir den Schönheitsbegriff, insbesondere in der Natur und Kunst prüfen.

Hier ist uns die Möglichkeit gegeben, zwei entgegengesetzte Wege einzuschlagen, nämlich: wir könnten entweder den zusammengesetzten Begriff oder seine bildenden Elemente als Anfangspunkt nehmen. Im ersten Falle aber, weil dieser Begriff, wie in dem einleitenden Theil erörtert wurde, ein sehr verwickelter ist und aus vielen Elementen besteht, so würde eine Verwirrung entstehen, man würde Gefahr laufen, bloss einen Theil seines Inhalts als charakteristisch für seine Bestimmung anzunehmen und die anderen Bestandtheile desselben, die sonst eine ebenso grosse Wichtigkeit haben könnten, ausser Acht zu lassen; so z. B. entweder die objectiven Formen als das einzige Moment der Schönheit zu behandeln und den subjectiven Inhalt, welcher eine grosse Rolle in der Bildung des Schönen spielt und selbst zur besonderen Modellirung der Formen beiträgt, zu unterschätzen; oder im Gegentheil dem geistigen Inhalt (Idee) eine grössere und den sinnlichen Formen eine mindere Beachtung zu schenken, indem ihnen allein keine selbständige Schönheit anerkannt wird, was, wie die Geschichte der Aesthetik nachweist, nur zu oft der Fall gewesen. — Um diese und andere Extreme zu vermeiden, bleibt uns nur der entgegengesetzte Weg übrig, d. h. ein ähnliches Verfahren einzuschlagen, wie der Chemiker bei der Untersuchung eines gegebenen Körpers einschlägt: wir haben zuerst mit Hülfe der äusseren und inneren Erfahrung die einfachsten Elemente, aus welchen dieser Begriff zusammengesetzt ist, zu bestimmen und nachzuweisen, in welchen Verhältnissen und Proportionen sich diese Elemente verbinden, um den Begriff zu erzeugen, und in dieser Weise, durch das Studium der Bildung des Begriffs, seine wesentlichen Bestandtheile zu bestimmen.

Die Erfahrung lehrt uns, dass überall das, was wir „schön" nennen, etwas Aeusserliches ist, das eine objective Existenz besitzt: „schön" nennen wir einen Naturgegenstand, schön ein Kunstwerk, schön eine That, immer ein sichtbares oder hörbares Phänomen: also, dass unserem Begriffe ein Gegenstand entspreche. Vischer nimmt in seinen „Kritischen Gängen"*) das Schöne nicht einfach als Gegenstand an, sondern als Contact eines Gegenstandes und eines auffassenden Subjects, und da das wahrhaft Thätige in diesem Contact das Subject ist, so sei es ein Act; und Siebeck**) fügt zu dieser Meinung hinzu: „objectiv ist das Schöne nur, insofern als es genossen wird"; aber dadurch unterscheidet sich das Schöne nicht eigentlich von den anderen Erscheinungen in Betreff der Objectivität, denn das Wirkliche überhaupt existirt für uns nur insofern, als es wahrgenommen wird; überall kommt zu dem Objectiven das Subjective als integrirender Theil hinzu. Nennt man „schön" bloss das Ideal, welches in uns bei der Anschauung der Kunstwerke durch die Thätigkeit der Phantasie entsteht, so ist es richtig, das Schöne bloss als einen Act anzunehmen; aber wir sind von der Annahme ziemlich entfernt. Anticipirend können wir sagen, dass allerdings ein Kunstwerk nur insofern schön ist, als es gewisse subjective Thätigkeiten in uns erregen kann, dafür braucht es aber bestimmte Verhältnisse seiner Theile untereinander, die diese ihnen entsprechenden subjectiven Thätigkeiten bedingen. Diese sind durch wissenschaftliche Gesetze bestimmbar, sie müssen sich objectiv in den Gegenständen befinden, unabhängig davon, ob jeder Zuschauer oder nur eine ausgewählte Minderzahl genügend vorbereitet sein wird, um dies zu empfin-

---
*) Heft V., S. 6.
**) Das Wesen der ästhetischen Anschauung. S. 211. (Berlin 1875.)

den und zu geniessen; das Schöne steht unberührt da, wenn nicht für die gegenwärtige Generation, dann für die Zukunft. — Wie viele Kunstwerke wurden ihrer Zeit missverstanden und bloss die nachkommenden Generationen erkannten ihren wahren Werth! Könnten wir sagen, dass ihre Schönheit ein Zusatz der Zukunft sei? — Gewiss nicht. Das Object ist unverändert geblieben, die Verhältnisse, welche seine Schönheit bilden, sind immer dieselben, ebenso wie die Verhältnisse der Bewegungen der himmlischen Körper eine ewige Existenz, also auch vor der Entdeckung der astronomischen Gesetze, besitzen; nur das Subject allein hat sich modificirt und das bedeutet, dass es in den Stand gesetzt worden ist, die schon früher existirende Schönheit geniessen zu können.

Nun allerdings, ein Object ohne Subject ist auch logisch undenkbar, subjective Elemente finden wir in jeder objectiven Erscheinung; aber so viel Objectivität wie die ganze Welt der Wahrheit besitzt auch die Welt der Schönheit. Einerseits ist das Schöne ein äusseres Geschehen, den physischen Gesetzen unterworfen; andererseits ist es ein Erzeugniss der Bewusstseins-Thätigkeit, den subjectiven Gesetzen desselben untergeordnet, denn ohne Bewusstsein hat es keine Bedeutung für sich. Folglich, um einen wissenschaftlichen Begriff aufstellen zu können, müssen wir einerseits die Erscheinungen, in denen sich das Schöne verwirklicht zeigt, analysiren, andererseits die subjective Wirkung derselben auf uns bestimmen. Weder durch rein physische Untersuchungen, noch durch blosse Reflexionen über das ästhetische Gefühl, ästhetische Urtheile u. s. w. kann man zu dem erwünschten Zwecke gelangen. Denn erstens nicht das Objective an sich, sondern das Objective im Verhältniss zu dem Subjecte, erklärt das Schöne, also nur mit Hülfe der inneren Erfahrung können die ästhetischen Verhältnisse gefunden werden; zweitens aber sind in der inneren Erfahrung die ästhetischen Zustände fertige Producte des Bewusstseins, die Aufschluss über den Process ihres Werdens erst dann geben, wenn man zugleich die äusseren Bedingungen ihrer Entstehung zergliedert.*) Wären wir für die Untersuchung der Bedingungen des Schönen lediglich auf psychologische Selbstbeobachtung angewiesen, so

---

*) Vgl. W. Wundt: Vorlesungen über die Menschen- und Thierseele. II. Band. S. 56.

wäre das Resultat ein sehr unsicheres; denn „Selbstbeobachtung eines vorgestellten Inhalts ist bekanntlich schwer und ohne Gewähr für ihre Richtigkeit, denn sie lässt sich eigentlich immer erst dann aufstellen, wenn der vorgestellte Inhalt nicht mehr als solcher Object des Bewusstseins ist, weil man mit dem Vorsatze, einen psychischen Inhalt als solchen zu beobachten, schon zu einer anderen Vorstellung (nämlich derjenigen, welche mit diesem Entschlusse selbst gegeben ist) übergeht".*) Das will indessen nicht heissen, dass die innere Erfahrung werthlos für wissenschaftliche Begründungen sei; denn es giebt Fälle, in denen durch anderweitige Umstände die Möglichkeit gegeben ist, mit grösserer Sicherheit auf die Beschaffenheit des psychischen Actes, der sich nicht unmittelbar beobachten lässt, zu schliessen. Hieraus ergiebt sich nur die Nothwendigkeit einer **objectiven Beobachtung** neben der **subjectiven**, und weil der physische Vorgang selbst ein Act des Bewusstseins ist, so können wir, bis zu einem gewissen Punkte, Schlussfolgerungen aus einem Felde auf das andere ziehen. Beide Gebiete gewinnen an Klarheit durch ihre vergleichenden Untersuchungen. Eine absolute Trennung der inneren und äusseren Erfahrung lässt sich nie vollziehen, das Subjective beruht immer auf objectiven Grundlagen und das Objective trägt mit sich das Siegel der Subjectivität, so dass nur von einer **relativen** Trennung die Rede sein kann.

In Folge des oben erwähnten Princips haben wir zunächst folgende Fragen zu behandeln:

1. Durch welche Verhältnisse der äusseren Erscheinungen ist die Genesis des Schönheitsbegriffs bedingt, und welcher Natur ist der ihnen entsprechende subjective Process, aus welchen Elementen besteht er? — Die Antwort darauf wird die **objectiven Elemente** des Schönen erklären.

2. Fügt das Subject den objectiven Elementen ausser den subjectiven Kategorien und Anschauungsformen des Bewusstseins noch etwas hinzu oder nicht? — Die Antwort darauf wird die **rein subjectiven Elemente** des Schönen ergründen.

---

*) Brentano. Psychologie vom empirischen Standpunkte. I. S. 35 u. f.

# Erstes Capitel.
## Die objectiven Elemente des Schönen.

Wir schreiten zur Auflösung der ersten der beiden oben aufgestellten Fragen, nämlich: Durch welche Verhältnisse der äusseren Erscheinungen ist die Bildung und die Entwickelung des Schönheitsbegriffs bedingt, und welcher Natur ist der ihnen entsprechende subjective Process? Zunächst wollen wir aber einen kurzen allgemeinen Blick auf die äusseren Erscheinungen im Allgemeinen und ihre subjectiven Wirkungen werfen, um desto gründlicher den Sinn und die Tragweite der Schönheitserscheinungen und ihre Stellung inmitten der anderen Naturerscheinungen begreifen zu können. Dies führt uns zum Studium der Gefühle und zunächst zu den elementaren, d. i. zu den sinnlichen Gefühlen.

Die Thatsachen des sinnlichen Gefühls als Zustände des Bewusstseins finden ihre letzte Erklärung eben in den Gesetzen des Bewusstseins. So, die Thatsache, dass die Gefühle sich unter Gegensätzen als Lust und Unlust, Ernst und Heiterkeit bewegen, lässt sich als eine ursprüngliche Eigenthümlichkeit des Bewusstseins erkennen; nämlich durch die Empfindungen und überhaupt durch die inneren Zustände in einer Weise bestimmt zu werden, die sich zwischen Gegensätzen bewegt.*) Unser Bewusstsein besteht in einem fortwährenden Wechsel: die bewussten Zustände werden unbewusst und umgekehrt, unbewusste Zustände werden bewusst. Diese Bewegung rührt entweder von äusseren Ursachen (äussere Reize) oder von inneren Ursachen (Reproduction) her. Der momentane Umfang unseres Bewusstseins ist sehr begrenzt, bloss eine bestimmte Zahl von Vorstellungen können in demselben Augenblicke bewusst werden und die Enge des Bewusstseins erklärt den Kampf der Zustände und die Verdrängung oder Erhebung derjenigen im Bewusstsein.

Die Beziehung der Empfindung zum Bewusstsein kann allein in der Wirkung bestehen, welche dieselben auf jene Grundphänomene des Bewusstseins ausüben, d. h. in der Verdrängung

---
*) W. Wundt, Phys. Psych. S. 456.

oder Erhebung der früheren Zustände aus und in dem Bewusstsein. Das Unlustgefühl zeigt sich als eine Verdrängung aller früheren Zustände aus dem Bewusstsein und als ein Drang allein bewusst zu bleiben. Die Freude ist mehr mit mässigen Empfindungen verbunden, sie wird auch im ersten Augenblicke das Bewusstsein allein besitzen, aber sie steht den anderen nicht störend im Wege, im Gegentheil, sie befördert den Process der Reproduction.

Vergleichen wir nun diese Resultate der inneren Erfahrung mit denjenigen der äusseren oder der objectiven Erfahrung, so wird es uns verständlich werden, dass ein normaler Kraftaufwand noch einen genügenden Kraftvorrath lässt, damit auch andere Vorstellungen bewusst werden können, und so geschieht eine Reproduction nach den psychischen Gesetzen der Aufeinanderfolge der Vorstellungen ohne **Ueberspannung der Nerventhätigkeit**. Im Gegentheil eine anormale Functionirung, welche in einer zu grossen Ausgabe besteht, vermindert die Möglichkeit anderer Reproductionen, und wenn diese geschehen (denn auch Unlustgefühl, wenn seine Intensität nicht allzu gross ist, reproducirt frühere Zustände), so geschieht dies mit einer Ueberspannung: aber dass eine Ueberspannung, wenn sie die Summe der potentiellen Arbeit zu viel übersteigt, als **nachtheilig** gefühlt werden kann und muss, liegt ausser dem Zweifel. — Also die Unlustempfindung besitzt eine momentane grössere Bewusstseinsenergie als alle anderen Empfindungen, weil sie gerade eine grössere Ausgabe ist.

Aus denselben Principien des Bewusstseins erklärt sich auch die bekannte Thatsache, dass auch durch **schwachen** Kraftaufwand ein Unlustgefühl erzeugt werden kann.

Das **Princip des Gleichgewichts der Kräfte** und dasjenige **des kleinsten Kraftmaasses**\*) finden hier ihre Anwendung. Durch die Anhäufung von potentieller Arbeit in den centralen Organen befinden sich dieselben in einer Art **Anspannung**, die sich als **Trieb zur Thätigkeit** äussert. Dieser Thätigkeitstrieb ist so energisch, dass bisweilen bei Mangel anderweitigen Anlasses zur Beschäftigung, wie es

---

\*) Siehe über das letzte Princip: Dr. R. Avenarius: Philosophie als Denken der Welt gemäss dem Princip des kleinsten Kraftmaasses. Leipzig 1876.

Fechner bei einer anderen Gelegenheit bemerkt\*), man Arbeiten, die uns um ihrer Natur oder ihres Zweckes willen vielmehr Unlust als Lust machen würden, unternehmen kann, um nur überhaupt activ beschäftigt zu sein; ebenso bei an sich unlustvollen receptiven Anregungen, doch in der Stärke der Aufregung ein Moment im Sinne der Lust finden und nur wenn die zu Gebote stehende Beschäftigung ihrer Art oder ihrer Zwecke nach, gar zu unlustvoll ist, uns lieber der Langeweile als der Beschäftigung hingeben. Also im Allgemeinen, die Befriedigung dieses Triebes zur Thätigkeit ist mit Lustgefühl verbunden, die Hemmung desselben aber vergrössert die Spannung und dies fühlen wir als Unlust. Demzufolge wird eine **zu kleine Ausgabe** von Energie nur dann ein Unlustgefühl, wenn früher eine Anspannung stattgefunden hat. Besonders in dem Falle der Aufmerksamkeit, welche mit einer Centralinnervation verbunden ist, wenn dazu ein grösserer Kraftverbrauch geschieht als die Energie des entsprechend zukommenden Reizes erfordert, das Gefühl einer grösseren Spannung unserer Kräfte, als es erforderlich war, drückt sich unserem Bewusstsein als Unlust aus, nicht aber die schwache Erregung selbst. Eine zu schwache Erregung, wenn keine frühere **Anpassung** stattgefunden hat, kann entweder indifferent bleiben oder in seltenen Fällen sogar als Lust empfunden werden. Es giebt eine Menge schwache Druckempfindungen, die, wenn sie nicht im Gegentheil als Lust empfunden werden — wenigstens indifferent bleiben; so, die schwachen Empfindungen eines sanften Windes oder einer leichten Berührung für den Tastsinn u. s. w.

Nun, was die Indifferenz betrifft, bemerken wir: 1. dass eine **Gefühlsschwelle** nothwendig anzunehmen sei, denn nicht jede Empfindung erzeugt Lust oder Unlust, sondern nur von einer bestimmten Intensität an; unter dieser Schwelle kommt die **Indifferenzzone**; 2. betreffs der qualitativen und quantitativen Indifferenz zugleich, dass das allgemeine psychologische Gesetz der Relativität unserer Empfindungen auch auf dem Gebiete des Gefühls seine Anwendung findet; weil jede Empfindung nur im Verhältniss zu den früheren Zuständen des Bewusstseins appercipirt wird, bloss in **dieser** Beziehung wird ihr auch ein besonderer Ton gegeben. Weil aber die Zustände des Bewusst-

---

\*) Vorschule der Aesthetik. II. Theil. S. 252.

seins immer einen momentanen, individuellen Charakter haben können, so erklärt es sich einerseits, wie dieselbe Empfindung, in bestimmbaren Grenzen, verschiedene Gefühle erzeugen kann; andererseits, dass es Gefühle geben kann, die so schwach sind, dass sie indifferent bleiben.

Auf eine höhere Stufe der Entwickelung des Bewusstseins, mit der Entstehung des **Selbstbewusstseins** und der Unterscheidung zwischen **Ich** und **Nicht-Ich**, fängt zugleich eine **Schätzung** des Nichtichs, nach dem Ton seiner Einwirkung auf uns an; wir bezeichnen als wohlgefällig und allmählich als **vortheilhaft, nützlich, gut, schön** u. s. w. die Gegenstände, die uns eine Art Lustgefühl erzeugen können, nach verschiedenen Combinationen; und umgekehrt als **missfällig, schädlich, hässlich** u. s. w. die entgegengesetzten, wir geben ihnen einen **praktischen Werth** zu. Also ein praktischer Werth wird als eine Zugabe einem Gegenstande, nach den subjectiven Veränderungen, die er durch seine **Quantität** und **Qualität** hervorruft, beigelegt.

Wollen wir denn die Gründe eines **praktischen Begriffs** erforschen, so sollen wir dies in den **qualitativen und quantitativen Verhältnissen** der äusseren Gegenstände und in den dadurch hervorgerufenen, subjectiven Veränderungen studiren, d. h. nach dem subjectiven Maasse, abgesehen von der subjectiven Veränderlichkeit.

Gehen wir nun darauf ein, diejenige Seite der Erscheinung zu bestimmen, welcher der praktische Begriff „Schön" beigelegt werden kann.

Die Empfindungen, die aus der Einwirkung der äusseren Gegenstände auf uns unter der Herrschaft der Anschauungsformen des Bewusstseins (Zeit und Raum) entstehen, treten in verschiedene intensive und extensive Verhältnisse, Complicationen und Verschmelzungen ein: entweder Empfindungen desselben Sinnes verschmelzen mit einander, wenn sie identisch sind: dieselbe Empfindung von demselben Gegenstand in verschiedenen Zeitmomenten herrührend, verschmilzt in eine einzige einfache Vorstellung und die bildenden Elemente verlieren dabei ihre Individualität ganz und gar; oder wenn sie verschieden sind, verbinden sie sich mit-, neben- und nacheinander, ohne ihre Individualität ganz zu verlieren oder endlich, Empfindungen verschiedener Sinne verbinden sich in einem einzigen Act des Bewusstseins, was wir Complication nennen; und so entsteht die grosse Mannigfaltigkeit von Vorstellungen, welche unser Wissen von der Aussenwelt bilden, und die eine innere subjective Abspiegelung der äusseren Erscheinungen sind. Erst mit der Bildung der Vorstellungen fängt auch die Möglichkeit eines ästhetischen Anschauens der Welt an.

Aus den allgemeinsten Resultaten, zu denen bis jetzt die positiven Wissenschaften gelangen konnten, folgt, dass im Allgemeinen wir in der Welt nur Phänomene, d. i. mechanische Bewegungen und Gruppirungen von Atomen und Molecülen kennen; chemische und physische Phänomene, Mineralien, himmlische Körper, Menschen- und Thierleben, alle diese Erscheinungen lassen sich mechanisch als Bewegungen betrachten, als Substrat aller dieser Erscheinungen bleibt immer das Atom, d. i. ein unausgedehntes, kraftwirkendes Wesen. Die Materie (oder Stoff) ist ein Product oder besser ein Postulat, ein zusammengesetztes Gebilde unseres Denkens, beim Zerlegen gelangen wir zu etwas Ideal-Realem, zu einer Abstraction. Beim Auffassen dieser Bewegungen unterscheiden wir verschiedene Arten derselben, in verschiedenen Complicationen, und darnach classificiren wir die Weltphänomene in rein mechanische Natur-, Lebensphänomene u. s. w., und mit diesen verschiedenen Formen beschäftigen sich die objectiven Wissenschaften.

Eine Absonderung des Stoffes von der Form ist auch ein Postulat unseres Denkens, welches daher nur in der Abstraction zu finden ist. Jede empirische Wissenschaft hat zunächst mit Phänomenen zu thun, und diese Phänomene sind nur bestimmte Formen der Allbewegung. Ist nun die Schönheit eine objective Erscheinung, so muss sie auch daraus bestehen, d. h. aus Formen der Bewegung in ihrem allgemeinen kosmischen Sinne. Wie ist dies aber zu verstehen?

Nehmen wir als Beispiel eine Landschaft: Das grüne, üppige Ufer eines Bächleins, einige Rinder, die sich dem Wasser zu dem Zwecke nahen, um ihren Durst zu stillen, die sorglosen Hirten in der Nähe, weiter einige prächtige Bäume mit ihren erquickenden Schatten, in der Ferne eine Bergkette und darauf die Ruinen eines kleinen Schlosses, bilden die Hauptbestandtheile derselben. Jede dieser Erscheinungen, wenn wir ihnen mit der Causal-Frage nach den Gründen ihres Erscheinens entgegenkommen, kann der Gegenstand einer besonderen Wissenschaft werden: die Bäume fallen in das Gebiet der Botanik, der Mensch in das der Anthropologie (in ihrem allgemeinsten Sinne als Physiologie, Psychologie und Sociologie); das Schloss kann als Bauwerk oder aus culturhistorischem Standpunkte betrachtet werden u. s. f. Jedes von diesen Dingen kann weiter aus einem praktischen Standpunkte, im Verhältniss zu den Vortheilen, die der Mensch daraus ziehen kann, als nützlich oder unnützlich geschätzt und so zum Gegenstand der **praktischen** Wissenschaft werden.

Aber auch ohne nach den Gründen der Erscheinung oder nach ihren Vortheilen für den menschlichen Egoismus zu fragen, können wir das Ganze in seiner Gesammterscheinung, so **wie** es sich uns manifestirt, anschauen: und in diesem Falle, in der Anschauung derselben, **frei von jedem fremdartigen Nebeninteresse** (sei es der Wahrheit oder der Nützlichkeit), wird unser Gemüth in eine wohlgefällige Bewegung versetzt, und wir beurtheilen die ganze Landschaft als „schön". Allein dies geschieht nur insofern, als wir alle Bestandtheile derselben: die prächtigen, harmonischen Farben, die mannigfaltigen Gestaltungen der Bäume, des Berges, des Schlosses u. s. f. alle miteinander in Verbindung in einem **einzigen Act des Denkens**, in einer einzigen Anschauung, aufgefasst haben. Betrachten wir die einzelnen Theile derselben im Besondern, so können wir auch ein ästhetisches Gefühl haben, aber nicht mehr von der Landschaft herrührend, sondern von der Anschauung des Baumes oder des Berges u. s. w. Führen wir nun die Zergliederung dieser einzelnen Theile, z. B. die des Baumes noch weiter, so ist es möglich, dass wir dennoch eine Schönheit finden, z. B. die eines Zweiges oder eines Blattes u. s. f. Aber in allen diesen Fällen müssen wir den betreffenden Theil als eine einzige Anschauung, als ein selbständiges Ganzes auffassen. Zerlegen wir diese Theile selbst in Stücke, so zerstören wir mit der Form zugleich auch das ästhetische Gefühl. Zergliedern wir die Vorstellung — in der Denkabstraction — in ihre einfachen Bestandtheile, in Empfindungen, so bleibt nur das sinnliche Gefühl als ihre subjective Einwirkung auf unser Gemüth möglich, die objective Vorstellung fehlt und die ästhetische Bewegung des Gemüths mit.

Also die ersten Hauptresultate der Erfahrung sind: 1. dass wir nur einer Vorstellung oder einer Gruppe von Vorstellungen

## II. Systematischer Theil.

das Epitheton „Schön" beilegen können; 2. dass dieses Epitheton einer besonderen Beschaffenheit des Gegenstandes, die in bestimmbaren Verhältnissen mit den inneren Gefühlen sich befindet, entspricht; 3. das negative Resultat, dass die Schönheit nicht in dem stofflichen Inhalte der Vorstellungen liegen kann und als positive Folge hiervon, weil es in einer Vorstellung oder Anschauung nur Inhalt und Form giebt, d. h. Bestandtheile und die Art und Weise, wie diese Bestandtheile im Raum oder in der Zeit neben- oder nacheinander eingereiht sind — dass die Schönheit nur in diesen Verhältnissen der Ordnung der Theile zu suchen ist.

Welche sind nun diese Verhältnisse? In dieser Beziehung müssen wir uns wieder an die einfachen Elemente wenden, denn in den complicirten Erscheinungen wird das Verhältniss der Theile schwieriger zu unterscheiden sein. Das einfachste ästhetische Element soll aber immer eine Vorstellung bleiben.

In der ganzen Mannigfaltigkeit der Vorstellungen sind bloss die Gehör- und die Gesichtsvorstellungen Quelle der ästhetischen Genüsse. Nur bei ihnen kann die Rede von Formen sein, Geschmack, Geruch und Tastsinn allein haben eine so geringe und einförmige, organische Entwickelung, dass bei ihnen die Mannigfaltigkeit der Vorstellungen auch sehr gering ist, es giebt keine qualitative Continuität, kein Zusammenwirken, keine Zeit- und Raumobjectivirung; sie bleiben mehr subjectiver Natur, bewahren mehr den Charakter der Empfindungen. (Der Tastsinn entwickelt sich bedeutend mehr im Falle der Blindheit: aber darauf brauchen wir nicht einzugehen.)

Farbe, Licht, Ton. Linien und Oberflächen und Massenbewegungen sind die letzten elementaren Vorstellungen, aus denen unsere ganze ästhetische Welt gebildet werden kann; die erwähnten Elemente sind in irgend einer Weise die Materie der ästhetischen Erscheinungen. Aus der Verschiedenheit der Verbindungen entsteht die ganze Varietät der Schönheiten.

Diese elementaren Vorstellungen verbinden sich, entweder nach- oder nebeneinander — intensive oder extensive Verbindungen — und wieder entweder gleichartige Vorstellungen miteinander, Töne mit Tönen, Farben mit Farben u. s. w. oder disparate Vorstellungen, d. h. von verschiedenen Sinnen herrührende: im ersten Falle nennt man die Verbindung eine **Verschmelzung**, im letzten Falle eine **Complication**. — Jede von dieser Art psychologischer Verbindungen spielt eine besondere Rolle in der Erregung unseres ästhetischen Gemüthes, sie liegen gewissen ästhetischen Gesetzen untergeordnet, deren Feststellung einen Theil des Geheimnisses der Schönheit enthüllt.

Der natürliche Weg zur Erfindung dieser Gesetze ist die empirische Untersuchung der Aesthetik; aber in der **Psychologie** sollen sie ihre letzte Begründung und Erklärung finden; denn die Psychologie hat weitere Aufklärung darüber zu geben, unter welchen Bedingungen der Widerstreit psychischer Kräfte zum **Missfallen** oder andererseits die Ueberwindung desselben durch Einigung des Widerstreitenden zum **Wohlgefallen** führt.*)

Nach den Forschungen von **Helmholtz, Fechner, Zeising** u. A. sind schon die **Gesetze der Harmonie von Farben und Tönen, der Melodie, des Rhythmus, der Symmetrie, des goldenen Schnittes und der Proportionalität**, als Grundgesetze der objectiven Formverhältnisse zu betrachten. **Im Allgemeinen sind es nur möglichst einfache Verhältnisse, die ästhetisch gefallen.** So wenn die Schwingungszahlen der äusseren Schallwellen, wie die einfache Reihe der Zahlen: $1:2$, $2:3$, $3:4$ ..... sich zu einander verhalten, haben wir eine **Klangvorstellung**; in allen anderen Fällen stören sich die Schallwellen, es entstehen Schwebungen und bei einem gewissen Grad der Störung haben wir Geräuschvorstellungen. Je nachdem die Klangvorstellungen nacheinander oder gleichzeitig sind, haben wir **Klangmelodie** oder **Klangharmonie**; die beide ein wohlgefälliges ästhetisches Gefühl erzeugen. Die Geräusche als Störungen erzeugen im Allgemeinen nur Unlust oder bleiben indifferent, wenn wir daran gewöhnt sind, und nur bisweilen durch ihr **poetisches Element** in den Naturschönheiten können sie ästhetische Gefühle erzeugen; aber dies fällt in das Gebiet der indirecten Eindrücke, wovon später gesprochen werden wird. Ebenso die **Farbenharmonie**: die Farben vertragen sich am besten, wenn sie **complimentär** sind, d. i. zu Weiss sich ergänzen, z. B. Roth und Grün u. s. f. So auch überall, wo eine

---

\*) Drobisch, a. a. O. S. 34.

Succession der Vorstellungen eintritt (in Bewegung, Schalleindrücke), haben wir ein positives ästhetisches Gefühl, wenn diese Vorstellungen in regelmässiger Ordnung und in einfachen Verhältnissen sich wiederholen. Hier haben wir einen Effect der contrastirenden Gefühle, die zur Verstärkung des ästhetischen Gefühls dienen; jedes Gefühl der Befriedigung wird mit einem Gefühle der Erwartung (Spannung) verbunden und *vice versa*. Betreffs der Linien oder Maassverhältnisse haben wir das Gesetz der Symmetrie für die horizontale Richtung; die beiden Theile (Hälften) müssen sich verhalten wie 1:1; und das Gesetz des goldenen Schnitts für die verticale Richtung, nämlich es muss sich der kleinere Theil zu den grösseren wie der grössere zu dem Ganzen, verhalten. Endlich ist für das Verhältniss der Breite zur Höhe, welche die Proportionalität eines Ganzen bildet, dasselbe Gesetz des goldenen Schnitts annehmbar.*) Allein was die Gesetze der Formen und Messungen betrifft, welche in das Gebiet des Auges fallen, müssen wir zwei Bemerkungen hinzufügen: 1. dass die Gewohnheit beträchtliche Veränderungen in diesen Verhältnissen herbeiführt (wie es auch bei den Farben der Fall ist, als Beispiel: die Farbenmode, welche sehr oft gegen die ästhetischen Gesetze verstösst); und 2. dass von einem exacten Maassverhältniss nicht einmal die Rede sein kann; denn, wie die psychologischen Erörterungen zeigen, kann unser Auge allein nicht exact ausmessen.

Jedes von diesen allgemeinen Gesetzen findet mannigfaltige Anwendungen in den Kunst- und Naturschönheiten und hieraus ergiebt sich die Nothwendigkeit zu ihrer weiteren Verfolgung und Erweiterung, die den Gegenstand der besonderen Wissenschaften bilden, wie z. B. Harmonie- und Compositionslehre für die Musik u. s. w.

Fragen wir nun aber nach den psychologischen Gründen dieser ästhetischen Formalgesetze, so finden wir gewisse Verwandtschaften zwischen ihnen. Alle sind messende Vergleichungen der Eindrücke; in allen giebt es eine Gelegenheit für das Spiel unserer Einbildungskraft, die zu den Vergleichungen thätig sein soll; bei allen giebt es Wiederholungen der identischen Formen, mit einer grösseren

---

*) Siehe darüber W. Wundt: Vorlesungen über die Menschen- und Thierseele. (Leipzig 1863.) S. 90. ff.

oder kleineren Mannigfaltigkeit der zwischen diesen identischen Gliedern fallenden Vorstellungen: die Symmetrie und Proportionalität wiederholt Formen, der Rhythmus Bewegungen u. s. w. So können alle dem Begriff der Ordnung oder des Einklangs subsumirt werden.

Die Enge des Bewusstseins und das Princip des Gleichgewichts des Kraftverbrauches erklären diese Strebung nach Einheit und das Wohlgefallen an ihrer Befriedigung. Es findet eine Spannung für die Wiederkehr derselben Formen und eine Befriedigung durch diese Wiederkehr selbst statt. Die Mannigfaltigkeit der Formen erzeugt eine reichere Bewegung der Phantasie und die einheitliche Ordnung eine leichte Auflösung derselben in einer Einheit. — Also die Gründe der objectiven Formalgesetze der Schönheit finden sich in den Gesetzen des menschlichen Gemüthes.

Damit wird zugleich die objective Seite (oder die objectiven Elemente) des Schönen bestimmt. In dieser Richtung haben wir gefunden, dass absolute Formbestimmungen oder Formverhältnisse, die unabhängig von dem Stoff, unabhängig von dem Inhalte der Vorstellungen für und an sich gefallen, die Schönheit bilden.

Folglich schliessen wir einstweilen, dass die Schönheit in objectiven (anschaulichen) Formenverhältnissen besteht. Sie erregt unser Gemüth durch das Spiel der Phantasie; aber ohne zu verletzen, im Gegentheil befördernd die Gesetze der sinnlichen Gefühle, die die Grundlage dieser höheren Gemüthsbewegungen, welche einfache ästhetische Gefühle genannt werden, bilden.

Nun kommt aber die zweite, von den beiden im Anfange des systematischen Theils aufgestellten Fragen: ob mit den unmittelbaren, objectiven Elementen der ganze Inhalt des Schönheitsbegriffs erschöpft wird, ob in diesen abstracten Formverhältnissen das ganze Wesen des Schönen mit einbegriffen wird und ob wir nicht auch andere Elemente in der Erfahrung finden, die subjectiver Natur sind, und die auch ein wesentliches Moment in der Anschauung des Schönen bilden? Wir kommen damit zur Analyse der subjectiven oder geistigen Elemente der Schönheit; wenden wir uns zunächst an die ästhetische Erfahrung.

## Zweites Capitel.

## Die subjectiven Elemente des Schönen; und ihre Verhältnisse zu den objectiven.

Eine nähere Betrachtung des Totaleindruckes der Schönheitserscheinungen auf unser ästhetisches Gemüth wird uns deutlich zeigen, dass in unserer Anschauung die **ästhetischen Gegenstände** durch die Vermittelung ihrer objectiven Formverhältnisse, abgesehen von deren directen Einwirkung zugleich eine besondere **geistige Farbe** annehmen. Die objectiven Formen scheinen uns zugleich als Ausdruck gewisser subjectiver Zustände des menschlichen Geistes und wirken auch als solche auf unser Gemüth, so dass der **ästhetische Totaleindruck** in gewissen Fällen als die Resultante zweierlei Art von Factoren (directen und indirecten) erscheint.

Eine genaue psychische Analyse des ästhetischen Gebietes kann sich desshalb nicht bloss an die Untersuchung der objectiven Merkmale des Schönen beschränken, sondern sie muss auch zur Unterscheidung der subjectiven Merkmale desselben schreiten, ihr positives Wesen und ihre Beziehungen zu den objectiven bestimmen.

Alle Vorstellungen, die den Inhalt ästhetischer Wirkungen ausmachen, sind zunächst Einzelvorstellungen, aber sie haben auch selbst einen **Inhalt**, d. h. sie bestehen in der Verbindung mehrerer Empfindungen; dieser Inhalt ist ein Glied in unserer Denkthätigkeit, er hat eine Bedeutung für uns, steht in gewissen associativen Verbindungen und Complicationen mit anderen Gebilden und Zuständen unseres Bewusstseins, die nach den Gesetzen der Association und Reproduction mit im Bewusstsein reproducirt werden können. So geschieht eine Reaction des Bewusstseins auf eine Gruppe von disparaten, geistigen Zuständen und objectiven Anschauungen, welche ein **zusammengesetztes Gefühl** bildet; die Zusammensetzung mehrerer Elemente in der Anschauung steigert die Erregung unseres Gemüthes. Allein wie die Vorstellung oder Vorstellungsgruppe ein zusammengesetztes Gebilde unseres Bewusstseins ist — indem dieselbe durch eine Verbindung mehrerer Empfindungen zu einem Ganzen entsteht — und als Ganzes oder Einheit betrachtet wird und bloss durch die Analyse in seine Bestandtheile zergliedert werden kann, so ist auch ein diesen Vorstellungen entsprechendes, zusammengesetztes Gefühl zunächst ein Ganzes; aber durch die Analyse kann dasselbe auch in mehrere coexistirende Gefühle zergliedert werden; und so findet man, dass bei einem zusammengesetzten Gefühle die **sinnlichen Gefühle**, **die einfachen ästhetischen Gefühle** und die moralischen, religiösen und intellectuellen **Affecte** zusammenwirken.

Denken wir uns eine von den zahlreichen Madonnenbildern von Rafael, z. B. „*la Vierge au diadème*" vom Louvre: voll Holdseligkeit hebt Maria den Schleier von dem schlafenden Jesusknaben, um ihn dem kleinen Johannes zu zeigen. — Neben vollendeter Klarheit und Wärme des Colorits, Feinheit und Correctheit der Linien und Formen, Leichtigkeit und Anmuth der Bewegung, lesen wir in der lebensvollen Schönheit der Gestaltung, in den charakteristischen Zügen des Gesichts die göttliche Liebenswürdigkeit der Maria gegen Johannes und die mütterliche verehrungsvolle Liebe für ihr Kind. Durch die Anschauung der objectiven Formen dringen wir in das geistige Leben des Bildes ein und betrachten das ganze Bild als eine der liebenswürdigsten Schilderungen eines einfachen Familienlebens — **das Glück der Mutterliebe.** Unser Herz fühlt sich dadurch noch tiefer bewegt, unser ganzes Wesen wird in eine wohlgefällige Erregung versetzt und selbst bis zum Affect gesteigert, wenn die tiefe, religiöse Andacht hinzukommt.

Es fragt sich nun: Ist es zufällig, dass wir dies empfinden, oder stehen diese geistigen Momente wirklich in Verbindung mit den anschaulichen Formen? War es nicht in der Absicht des Künstlers, gerade ähnliche und analoge Gedanken und Gefühle durch diese Formen in dem Zuschauer zu erwecken? und wie war es ihm möglich? Wird überhaupt die Schönheit seines Gemäldes durch dieses geistige Element vergrössert? Bildet also der mittelbare Factor der ästhetischen Anschauung — den sonst kein Aesthetiker verneinen kann — einen Theil der Schönheit und respective des ästhetischen Gefühls oder ist es vielleicht nur ein fremdes Element, wie auch zuweilen behauptet wird? — Dies ist das Thema unser nächstfolgenden Erörterungen.

Zunächst müssen wir den subjectiven und mittelbaren Charakter dieses Elements anerkennen. Objectiv haben wir Form und Inhalt der Vorstellungen unterschieden, weiter haben wir bemerkt, dass dies untrennbare Begriffe sind, die einander bedingen; dass es **objectiv** immer nur einen **geformten Inhalt** giebt, und dass die Unterscheidung beider ein Product der Abstraction ist. Der objective Inhalt wird nun auch zum subjectiven oder geistigen Inhalt dadurch, dass man aus einem Inhalte die **wesentlichen** Merkmale abstrahirt und einen Begriff daraus bildet. Ein Begriff besitzt keine bestimmte Form, eben weil er ein geistiges Product ist; um aber die Begriffe von einander zu unterscheiden, sind wir genöthigt, objective Zeichen zu gebrauchen, dies sind die **Worte** in der Sprache. Zwischen dem Wort als acustischer Vorstellung und dem Begriff geschieht eine Complication, so dass Wort und Gedanke untrennbar bleiben. Dieselbe Complication findet nun auch zwischen unseren **inneren Zuständen im Allgemeinen** und gewissen objectiven Formen statt, so dass wir durch ihre Zusammensetzung, in dem objectiven Inhalt, den Ausdruck unserer subjectiven Zustände, ebenso wie in dem Worte den Ausdruck unserer Gedanken finden. Auf welchem Grunde nun die Complication zwischen Wort und Begriff beruht, dies ist ein psychologisches Problem der Sprachwissenschaft, dessen Auflösung sehr interessant auch für das Verständniss der hier zu erörternden Thatsache würde, dessen Verfolgung aber hier keineswegs ihren Platz finden kann; wir wollen indessen die Gründe der zweiten Art der eben erwähnten Complicationen erforschen.

Es ist eine bekannte psychische Thatsache, dass es einen inneren Drang des Menschen giebt, die objective Natur zu beleben, sie nicht mit den Augen der Wirklichkeit wahrzunehmen, sondern mit denjenigen der Einbildungskraft zu appercipiren, also die eigenen inneren Zustände in die Aussenwelt hinein zu phantasiren. Das ist eine schon alt erkannte Wahrheit, die alte Mythologie, die Cultusgebräuche vieler Völker, selbst die Sprache in ihren Anfängen beruhen auf solcher **Symbolisirungen.** Wir möchten nun die Gründe dieser psychischen Erscheinung, worauf auch das subjective Moment der Schönheit beruht, hier kurz andeuten; ob aber dieser **Drang** auch ein Beweis für den Pantheismus wäre und nur in diesem Princip seine letzte transscendente Begründung finden könnte, wie es

Volkelt meint*), das lassen wir unentschieden, denn es ist kein ästhetisches, sondern ein metaphysisches Problem: die Aesthetik nimmt dieselbe Stelle gegenüber der Metaphysik ein wie die Psychologie, sie geben ihre transscendentale Probleme, für deren Erklärung soll die Metaphysik selbst, wenn möglich, sorgen.

Symbole. Die Zustände des Bewusstseins, so abstract sie auch sein mögen, sind immer von Gemüthsbewegungen**) — d. i. von einer Reaction des Bewusstseins auf dieselben — begleitet und zugleich von bestimmten Bewegungen der äusseren Organe und Muskeln, welche wir **Ausdrucksbewegungen** nennen, gefolgt; die aber nicht etwa eine Bewegungsform von besonderem Ursprung, sondern immer zugleich **Reflex**- oder **Willkürbewegungen** sind.***)

Wenn eine Erregung der Nerven einen gewissen Grad übersteigt, so verwandelt sie sich in eine körperliche Bewegung: giebt es keinen Bewegungsgrund, so wird der Ueberschuss andere Wege einschlagen, die Entladung der Nervenkraft wird anderswo geschehen. Herbert Spencer bemerkt, dass man es als eine gar nicht weiter fragliche Wahrheit annehmen kann, dass die in irgend einem Augenblicke vorhandene Quantität freigewordener Nervenkraft, welche in einer nicht weiter erforschbaren Weise in uns den Zustand hervorruft, den wir „Fühlen" nennen, sich in irgend einer Richtung ausdehnen muss, so dass, wenn das Cerebrospinal-System heftig gereizt und dadurch Nervenkraft in Ueberschuss frei gemacht wird, Letztere sich in heftigen Empfindungen, lebendigem Denken, heftigen Bewegungen oder vermehrter Thätigkeit der Drüsen ausbreiten kann.†) — Also sind die **Ausdrucksbewegungen als ein Theil des Gefühls zu betrachten**. Die Thatsache, dass

---

*) Dr. Joh. Volkelt: Der Symbol-Begriff in der neuesten Aesthetik (Jena 1876.) VIII. Cap.

**) Vgl. hierüber: P. Gratiolet. De la physiognomie et des mouvements d'expression. (Paris 1865). S. 65.

***) Vgl. W. Wundt: Phys. Psych. XXII. Cap.

†) H. Spencer, Essays, Scientific, Political etc. Second Series 1863. p. 109 III. angeführt aus Darwin, Der Ausdruck der Gemüthsbewegungen bei den Menschen und den Thieren. (Deutsche Uebersetzung von J. v. Carus. II. Aufl. 1874.) S. 72.

ein und derselbe Zustand der Seele durch die ganze Welt mit einer merkwürdigen G l e i c h f ö r m i g k e i t ausgedrückt wird\*), ist noch ein o b j e c t i v e r Beweis für die Richtigkeit dieser Behauptung.

Die Aeusserungen der Gemüthsbewegungen geschehen ursprünglich, unbewusst und unwillkürlich, sie gehören also vollständig in das Gebiet der Reflexe. Der Culturmensch aber lernt allmählich diese Bewegungen theils unterdrücken, theils modificiren, um gewisse Affecte zu verbergen und andere nicht stattfindende auszudrücken; und so entstehen c o n v e n t i o n e l l e A u s d r u c k s b e w e g u n g e n — Effect der Regierung derselben durch den Willen — neben den n a t ü r l i c h e n Ausdrucksbewegungen oder Reflexbewegungen. Es ist beobachtet worden, dass die uncultivirten Menschen, die Neger z. B., eine grössere Lebhaftigkeit der Gliederbewegungen als die Europäer besitzen u. s. f. Allein diese Beherrschung hat auch ihre Grenzen; zu starke Gemüthserregungen, z. B. unmittelbare, unerwartete Gefahr, erzeugen die natürlichen Ausdrucksbewegungen. Die Ausdrucksbewegungen im A l l g e m e i n e n bestehen entweder in gewissen Bewegungen der Muskeln des Gesichts und des Auges (mimische) oder in Bewegungen des Körpers und der Glieder (pantomimische).

Aus diesen Thatsachen folgt zunächst, dass die äusseren Formen des Gesichts und der Gliederbewegungen des Menschen nicht ausdruckslos werden können. Die Erfahrung lehrt uns verschiedene Ausdrucksformen, also äussere Manifestationen der inneren Zustände leicht erkennen, wir verbinden (associiren) dieses innere Geschehen und dessen äussere Manifestirung so eng mit einander, dass, so oft wir ein gewisses äusseres Zeichen sehen, erinnern wir uns unmittelbar an den betreffenden seelischen Zustand; ebenso associiren sich auch verschiedene Laute mit entsprechenden Gefühlen: z. B. Angstschrei, Freudenschrei u. s. f. Aus denselben Gründen lässt sich nun auch die Thatsache, dass wir diese Symbolisirung noch weiter in die ganze belebte Natur und selbst in gewisse anorganische Formen und Farben hinübertragen, vollständig erklären. Nach der Analogie des Verhältnisses dieser Formen mit dem Ausdrucke unserer seelischen Zustände fügen wir ihnen eine g e i s t i g e, s y m b o-

---

\*) Siehe darüber D a r w i n a. a. O. S. 17.

lische Bedeutung hinzu. In dieser Weise lesen wir nicht bloss in den Formen der lebenden Wesen, sondern auch in denen der anorganischen Natur einen Ausdruck der geistigen Zustände: wir versetzen unsere eigene Subjectivität, durch die Einbildungskraft, in die äusseren Gegenstände: „Der Wilde sah in dem Sturm und in dem Frieden der Naturerscheinungen — meint Tyndal*) — das Abbild seiner eigenen wechselnden Launen und schrieb desshalb diese Erscheinungen Wesen zu, welche die gleichen Leidenschaften mit ihm theilten, aber an Macht ihn weit übertrafen". Der poetische Genuss der Naturschönheiten beruht grösstentheils auf dieser Art der Einbildungskraft, welche neben Correctheit und Harmonie der Formen das Gefühl auch durch die poetische Auffassung derselben steigert. Nun giebt es freilich bestimmte Grenzen für die Poetisirung der unbelebten Naturkörper, und nicht alle Formen und alle Künste erlauben einen gleichen Grad von Subjectivirung. So stellt Rosenkranz für die Künste in seiner „Aesthetik des Hässlichen"**) die folgende Reihe auf: Architectur, Sculptur, Malerei, Musik***) und Poesie und erkennt, dass sie in dieser Reihe eine Steigerung ausdrücken, in welcher die nächstfolgende Kunst die vorige immer an Fähigkeit übertrifft, das Wesen des Geistes angemessener darzustellen.

Aber wenn wir durch unsere dualistisch erscheinende Natur zu einer dualistischen Auffassung der äusseren Naturgegenstände gebracht werden und die ganze Welt in der ästhetischen Anschauung anthropomorphisiren; wenn es uns unmöglich ist, sogar für leblose Körper, die Formen nur als solche zu betrachten, sondern wir sie zugleich als Geistesausdruck anzuschauen gewöhnt sind, so ist es um so mehr unmöglich, die äusseren Formen der lebenden Wesen bloss als abstracte Formen zu behandeln. Sie werden zugleich von diesem Gesichtspunkte aus als Symbole für das innere Leben betrachtet: wie Gesundheit, Kraft, Ruhe, Anmuth, Wuth, Eifersucht u. s. w.

---

\*) Das Licht. Deutsche Ausgabe, herausgegeben von G. Wiedemann. (Braunschweig, 1876.) S. 4.

\*\*) S. 13.

\*\*\*) Wie es weiter (Cap. III.) gezeigt wird, sind wir betreffs der Musik einer anderen Meinung; wir möchten ihr formales Element mehr betonen und so sie unmittelbar nach der Architektur folgen lassen. —

## II. Systematischer Theil.

Hieraus ergiebt sich, dass wir in der ästhetischen Anschauung zwei wesentliche Factoren haben können:

1. Die objectiven Formen mit ihren harmonischen Verhältnissen, von denen wir schon in dem ersten Capitel gehandelt haben;

2. die subjective symbolische Bedeutung dieser objectiven Formen, die aber, wohl zu beachten, nicht bloss aus einer Idee, sondern auch aus Gefühlen, Affecten und Trieben besteht; kurz wir versetzen unsere ganze Subjectivität in die äusseren Gegenstände, so viel es die objectiven Formen erlauben, und das variirt, wie schon erwähnt, nach den besonderen Grenzen des Wesens des Kunstgegenstandes oder des Naturschönen.

Dieses geistige Moment kommt aber nicht bloss in den zusammengesetzten, anschaulichen Formen als ihr Ausdruck vor, sondern sogar in den einfachen Empfindungen oder Vorstellungen; eine einzige Farbe, ein einziger Ton, eine einzige Linie wird im Stande sein, bestimmte associirte Vorstellungen zu erwecken und durch diese mittelbar unser Gemüth zu bewegen. Schon in der Beschaffenheit der Farben und Töne finden wir sogar einen directen qualitativen Eindruck auf unser sinnliches Gefühl, welches die Grundlage der ästhetischen Gefühle bildet: tiefe Töne erzeugen ein Gefühl des Ernstes, höhere — der Heiterkeit; helle Farben, von Roth bis Grün, ein aufregendes Gefühl, mehr dunkle Farben, von Grün bis Violet, ein beruhigendes Gefühl. Diese Grundverhältnisse erweitern sich aber noch mehr durch das Associationsprincip oder die Symbolisirung, so z. B. „Schwarz" in unserer alltäglichen Erfahrung finden wir mit Dunkelheit (Finsterniss) verbunden (in dem Wechsel des Tags und der Nacht), mit Mangel der von aussen kommenden Anschauungen, mit der Unsicherheit unserer Lage und unserer Bewegungen, als etwas Mysteriöses — und so associiren wir dieses äussere Zeichen als Symbol mit den entsprechenden inneren und äusseren Erscheinungen, und so oft das Symbol vorkommt, ruft es in unserem Bewusstsein die Erinnerung an die entsprechenden Vorstellungen hervor; auf diese Weise entstehen in uns durch diese associirten Vorstellungen Gefühle, der Beschaffenheit der Empfindungen entsprechend, die weiter nuancirt werden können durch verschiedene Grade der Intensität. Es giebt ein Verhältniss zwischen subjectiven Zuständen und verschiedenen

Farben als äusseren Symbolen derselben; aber es ist kein **absolutes** Verhältniss: nur zu oft kann man in denselben sinnlichen Formen entgegengesetzte Bedeutungen wahrnehmen, wenn man diese Associirungen zu weit führt; diese Verbindungen beruhen auf Erfahrung und geistigen Anlagen. — Die besondere Neigung gewisser Nationalitäten für besondere bestimmte Farben, z. B. eine Vorliebe für Roth oder für Blau ist allbekannt. Der Sinn für Farbe entwickelt sich unter verschiedenen Einwirkungen der Farben der umgebenden Natur, anders bei den Morgenländern als bei den Abendländern. — Die Wirkung der symbolischen Bedeutung der Farben tritt am entschiedensten aber hervor, wenn sie an bestimmte Gegenstände gebunden sind, so die grüne Farbe der Wiese erregt wohlgefällig unser Gemüth, nicht bloss als Farbe, sondern zugleich als geistige Bedeutung der Wiederbelebung und der Energie des Pflanzenlebens.

Zuletzt sind wir zu den Schlussergebnissen geführt: 1. dass in der ästhetischen Anschauung neben dem directen Eindruck der objectiven Formverhältnisse und durch dieselben zugleich auch ein geistiger Factor, ein subjectiver Zustand unseres Bewusstseins wirkt, den wir als **indirecten associativen Factor, nach Fechner**\*), bezeichnen; 2. dass dieser ein geistiges Moment ist, warum wir ihn auch einen **subjectiven Factor** genannt haben; 3. dass er auf psychologischen Gesetzen der Bildung und des inneren Verlaufs der Vorstellungen, nämlich auf der **Association** und **Complication** der objectiven Formen mit inneren Zuständen beruht; und insbesondere in der psychischen Thatsache der **Ausdrucksbewegungen** seine letzte psychologische Begründung findet.

Dieses letzte Resultat erklärt zwei andere Thatsachen:

1. Den **symbolischen** Charakter des subjectiven Factors, der aber **einerseits** nicht mit der **Allegorie** zu verwechseln ist, wo die Verhältnisse zwischen Innerem und Aeusserem, Form und Bedeutung zu abstract und individuell sind, mehr eine conventionelle Verbindung zweier Theile, als eine wirkliche, innere Verbindung beider bilden: **andererseits** nicht mit der ganzen wirklichen Bedeutung des Inhalts zu verwechseln ist, indem er bloss ein Theil desselben — gewiss der wesentlichste — ist. So, wie es z. B. Vischer bemerkt: „bedeutet „Faust" nicht

---

\*) S. Vorschule der Aesthetik. I. Theil. IX. S. 86 ff.

die **strebende** Menschheit, sondern ist ein Individuum mit aller Vielseitigkeit eines bestimmten Menschen und nur, weil unter allen seinen Zügen das überstürzt idealistische Streben hervorsticht, wird er uns zum allgemeinen Bilde dieses Dranges, der durch die Menschheit geht . . . . Man darf sagen: Faust ist die strebende Menschheit, wofern man es in diesem Sinne sagt."*)

2. Dass zwischen diesen beiden Elementen, inwiefern das geistige einen Theil des ganzen Inhalts, und zwar den wesentlichen, bildet — eine wirkliche, nothwendige Verbindung stattfinden muss. Sinnliche und geistige Elemente müssen sich im Einklang befinden, so dass wir als Zuschauer in den Formverhältnissen die geistige Bedeutung lesen können, der Künstler in den Formen seine geistige Conceptionen finde. Die objectiven und subjectiven Elemente verschmelzen mit einander, bilden eine **Einheit**, und wo dies der Fall ist, da wird nicht die Form allein (als solche), nicht das geistige Moment durch seine Bedeutung auf uns einwirken, sondern beide zusammen in ihrem Verhältniss zueinander und nur, indem wir sie als **Einheit der Form und des geistigen Inhalts** auffassen, werden wir ästhetisch wohlgefällig erregt.

Also nicht bloss in dem Falle, wenn die Formen für sich einwirken, sondern auch, wenn die Formen zugleich mit einer geistigen Bedeutung verbunden sind, sind es immer nur **Verhältnisse**, welche uns ästhetisch gefallen, und eben daher können wir den praktischen Begriff „Schön" nur einer Auffassung der Formverhältnisse beilegen. Die nicht hinreichende Beachtung und Betonung dieser **einheitlichen Verbindung** in der Auffassung dieser beiden Elemente bei Köstlin — der sonst auch zwei Momente in der Schönheitsanschauung: „Formale Schönheit" und „Ausdruck" erkennt — berechtigt die Einwände seiner Gegner, dass er **dualistisch verfahre**.**)
Der Satz indessen, dass Schönheit in Formverhältnissen besteht und dass das geistige Moment bloss ein neues Element zu den objectiven Formen hinzufüge, wird auch durch die Thatsache, dass objective Form die erste und letzte Bedingung der ästhetischen Anschauung bildet, bewiesen. Ohne diese giebt es keine

---

\*) Vischer: Kritische Gänge. Heft V. S. 138.
\*) Siehe J. Volkelt a. a. O., S. 33 u. ff.

Schönheit, selbst wenn die geistige Bedeutung das grösste Interesse erregen könnte; im Gegentheil reicht die geringste Bedeutung in der Genremalerei der Niederländer oder ein Gassenbube von Murillo, wenn die objectiven Formen in Einklang mit der Bedeutung gebracht werden, hin, um ein schönes Bild zu schaffen. Wir möchten sagen, dass das geistige Moment gewissermaassen einen Theil des ästhetischen Stoffes bildet, der aus zweierlei Elementen bestehen kann, entweder bloss aus objectiven Formen für sich oder aus diesen und subjectiven Momenten. Die ersten sind directe Eindrücke auf unsere Sinne; die zweiten sind indirecte innere Zustände, durch die ersten bewirkt. In beiden Fällen bestehen die bildenden Elemente aus Verhältnissen, und wenn diese Verhältnisse unser ästhetisches Gemüth befriedigen, haben wir die objective Schönheit. Die Auswahl der geistigen Bedeutung in der Kunst hat vielleicht verhältnissmässig dasselbe Interesse, wie die Auswahl des sinnlichen Stoffes, z. B. Bronze, Marmor oder Gyps für die Plastik u. s. w.

Nun wollen wir noch eine Frage besonders berühren, nämlich: ob überall die beiden Elemente zur Bildung der Schönheit nothwendig sind — und dies erstens aus dem Gesichtspunkte des individuellen Bewusstseins in den Gesetzen der Bildung der Schönheits-Ideale; zweitens aus dem Standpunkte des Völkerbewusstseins, indem wir uns an die Naturschönheit und an die verschiedenen Hauptgattungen der im Laufe der Zeit gebildeten Kunstschönheiten wenden, mit der Frage: aus welchen Elementen diese Schönheit besteht und wie sich diese Elemente zueinander verhalten?

Ideale. — Das Wort Idee und Ideal wurde in sehr verschiedenen Bedeutungen in der Philosophie gebraucht, deshalb ergiebt sich als nothwendig näher zu erklären, was wir hier unter diesem Worte zu verstehen haben.

Das ganze Gebiet der Kunst ist zunächst ein Product der menschlichen Einbildungskraft, und selbst die Naturschönheit wird nur in dem Falle als solche erkannt, wenn wir sie durch die Einbildungskraft appercipiren, d. i. durch ihre Thätigkeit einige Züge hervorheben, andere vermindern oder ganz einfach von diesen abstrahiren, um unser Gefühl nicht zu stören. Ueberall in der Natur, wie auch in der Kunst — von unserem subjectiven Standpunkte aus — befinden sich Schattenseiten derselben, diese bleiben unbeachtet bei der Anschauung des Schönen. Sind diese indessen zu auffallend, so dass die Einbildungskraft nicht davon abstrahiren kann, so ist der Naturgegenstand in diesem Falle „unschön". In diesem Sinne ist die Schönheit also ein Product der Phantasie, nur die Phantasie schafft nichts *ex nihilo*, und ohne durch gewisse subjective Gesetze bestimmt zu werden, sondern alles aus den angenommenen Eindrücken und betreffs der Schönheit nach den Gesetzen der ästhetischen Gefühle. Sie stellt die angenommenen Materialien (Töne oder Gestalten u. s. f.) in bestimmte Combinationen, und so schafft sie sich ein subjectives inneres Bild, welches wir Formal-Ideal nennen; formal, weil es zunächst aus objectiven Formverhältnissen, von ihrer Bedeutung abstrahirend, besteht; Ideal, weil man in der Philosophie gewöhnt ist, die Producte der Einbildungskraft Ideale zu nennen.

Diese Ideale sind verschieden für verschiedene Künste, als Toncombinationen für Musik, Farben, Licht und Gestaltungen, für bildende Künste u. s. w. Dann sind sie individuell verschieden für jedes verschiedene Werk im Kopfe des Genie's; also wir möchten sagen, sie sind das Kunstwerk selbst unter subjectiver Form; in der Kunst selbst werden die Ideale objectivirt.

Die Bildung dieser Formalideale findet nach bestimmten Gesetzen statt, die theils subjectiver, theils objectiver Natur sind. Anschauliche Form ist das objective Element des Schönen, sie hat einen ästhetischen Werth für sich allein, sie bildet das eigentlich Formalschöne; es ist sinnlich als Anschauung, aber auch geistig als ideale Form. Insofern aber diese Formen auch einen Inhalt besitzen und damit eine charakteristische Bedeutung haben können, wie schon erwähnt worden ist, d. h. insofern die Complicationen der anschaulichen Theile so geordnet werden können, ihre natürlichen Verhältnisse so alterirt, dass sie äussere natürliche Symbole für innere Bedeutung werden, tritt die Möglichkeit des subjectiven Elements zu dem objectiven hinzu. Es wird also auch nur in den objectiven Formverhältnissen gefunden, aber nur insofern es schon in dem Subjecte, mit diesen Formen associirt existirt; sonst nicht. Die Rolle der Phantasie hierbei besteht darin: beim Anschauen fügt sie das subjective Element hinzu, beim Schaffen formt sie die sinnlichen Verhältnisse nach dem geistigen ideellen Gehalt um; wir nennen dies eine **Idealisirung der Formen** und das Product ein **geistiges Ideal in objectiven Formen.** Dieser geistige Gehalt schafft nicht erst das Schöne, welches — wie schon nachgewiesen wurde — auch ohne dies bestehen kann, sondern er bewirkt eine grössere Lebendigkeit der Phantasie und steigert dadurch das ästhetische Gefühl; er ist aber ein nothwendiges Element, überall wo die Formen Analogien mit den Ausdrücken des geistigen Lebens darbieten.

Also Ideal ist zunächst ein Erzeugniss der Phantasie, eine freie Combination der Bestandtheile einer Vorstellung nach abstracten subjectiven Gesetzen oder nach individuellen Begriffen. In diesem Sinne ist jedes Product der menschlichen Kunst eine Verwirklichung unter sensibelen Formen eines früher in der Einbildung des Menschen gebildeten Ideals, nicht bloss die schöne Kunst, sondern selbst die nützlichen Kunstwerke. Der Erfinder einer Maschine sollte nothwendigerweise früher in seiner Einbildungskraft dieselbe sich ideell vorstellen, wenigstens in ihren allgemeinsten Umrissen, und dann zu ihrer Verwirklichung schreiten. Ebenso in dem sittlichen Verfahren des täglichen Lebens haben wir unsere **sittlichen Ideale**, nach welchen wir uns leiten u. s. f. Durch die Bestimmung des ideellen Charakters des Schönen wird also die Frage: „was ist schön?" gar nicht erledigt, denn wir müssen noch weiter fragen: was für Ideale namentlich geben uns in ihrer sinnlichen oder endlichen Verwirklichung das Schöne, und welche das Nützliche, Sittliche u. s. w.? Dies verlangt aber die Analyse der Bildung der ästhetischen Ideale und das ist, den oben angedeuteten Thatsachen zufolge, gleich mit der Frage nach dem Schönen selbst.

Schopenhauer nimmt das Schöne schlechthin als **platonische Idee oder Prototyp** an. Seine Theorie aber — abgesehen von der Schwierigkeit, die platonischen Ideen auf die Musik anzuwenden — leidet noch an dem Widerspruche mit der Darwin'schen Lehre in Betreff der Veränderlichkeit der Arten; dennoch bleibt immer etwas Wahres in dieser Theorie, d. i. die **Idealisirung der Natur und die Objectivirung der Ideale in der Kunst.** Dies heisst in unserem psychologischen Sinne aus den vielen Vorstellungen, welche uns die Natur darbietet, dieselben Züge auszuwählen, die den **Hauptcharakter** einer besonderen Classe darstellen, die aber keinen metaphysischen oder naturwissenschaftlichen Werth in Anspruch nehmen, sondern nur die Form darstellen, in welcher wir die betreffenden Gegenstände auffassen. Diese charakteristischen Darstellungen sind so zu sagen **Exmplificationen** unserer Begriffe von den äusseren Gegenständen. Die Begriffe, eben weil sie abstracte Producte unserer Denkthätigkeit sind, können nie realisirbar werden; aber inwiefern sie aus den anschaulichen Gegenständen abstrahirt werden, kann man unter diesen objectiven Formen diejenigen auswählen, welche am nächsten diesen Begriffen entsprechen. Dies ist eine Seite der subjectiven Umwandlungen der objectiven Formen durch Hineinführung rein subjectiver Elemente, desshalb **subjective Seite** des Ideals der Schönheit genannt; weil aber diese Formen zugleich den Gesetzen des Gemüths untergeordnet sind, erleiden die Ideale auch aus dieser Hinsicht eine Umwandlung, diese bildet die zweite Seite des Ideals, welche wir **objectiv** nannten, weil sie nur in der Umwandlung der objectiven Elemente, ohne irgend eine Beziehung zur subjectiven Bedeutung besteht. — Wenn wir in der Natur oder in der Kunst solche Ideale antreffen, sind wir zufrieden, weil sie den ästhetischen Gesetzen unserer Subjectivität entsprechen.

In Folge der hier aufgestellten Principien giebt es also **zwei concrete Begriffe des ästhetischen Ideals**: derjenige, der die **vollkommenste Darstellung des Charakteristischen** ist, bildet nur eine Art von ästhetischen Idealen, dem gegenüber steht noch das reine **formale Ideal**.

Betreffs des Charakteristischen bemerken wir noch, dass es sehr verschiedene solcher Ideale giebt, und dass sie nicht durch ihre Bedeutung selbst einen künstlerischen Eindruck bewirken können, sondern immer durch den Einklang der Verhältnisse. Es giebt Ideale eines Betteljungen, eines Geizhalses, einer Hökerfrau, eines Bösewichts u. s. f., so z. B. haben wir in Shakespeare's „Richard III." das Ideal eines gekrönten Bösewichts, in Molière's „Avare" dasjenige eines Geizhalses u. s. w. — „Selbst vom Ideal der Hässlichkeit kann man in solchem Sinne sprechen, vorausgesetzt, dass sich das Charakteristische darin in scharfer und prägnanter Weise ausspricht." *)

Eben weil Schönheit nur aus Verhältnissen besteht, erklärt sich, wie z. B. das Hässliche aus der Natur, in der Kunst ge-

---

*) Max. Schasler: Geschichte der Aesthetik. S. 461.

bildet, ein **schönes Kunstwerk** erzeugen kann. In diesem Falle ist nicht mehr das Subject *(Sujet)* selbst schön, sondern das Kunstwerk im Ganzen, insofern es das Charakteristische am vollkommensten darstellt. d. h. die künstlerische Form mit der inhaltlichen Bedeutung im Einklang steht.

Man möchte dasselbe vielleicht auch in der Natur empfinden, weil wir bisweilen auch da solche Exemplare finden können, die am prägnantesten unsere Ideale darstellen; aber die Schwierigkeit kommt von dem Unterschiede zwischen Kunstschönheit und Naturschönheit, betreffs des Genusses derselben. Die Hauptbedingung des ästhetischen Genusses ist die Anschauung der objectiven Formen an sich, ohne bewusste Beziehung auf uns. Nun ist die Natur zu eng mit uns in dem praktischen Leben verbunden, um uns eine solche Ruhe des Anschauens zu gönnen, die Kunst allein bietet uns diese Ruhe dar. Die Katastrophe in einem Trauerspiel kann zwar zur Erzeugung des ästhetischen Gefallens mitwirken, aber nicht als solche als trauriges Ende, sondern durch die Harmonie der gesammten Action des Trauerspiels; ebenso in einem Genrebilde, einen Verbrecher im Momente der Action darstellend, kann nur der Einklang der Ausdrucksbewegungen und der psychischen Bewegungen, aber nicht die Bedeutung der Action selbst, uns ästhetisch berühren. Finden wir uns dem **wirklichen Verbrechen** gegenüber, so sind wir zunächst sympathisch bewegt und möchten unmittelbar dem Opfer zu Hülfe kommen, von Schönheit aber kann dabei gar nicht die Rede sein.

Also nicht in der geistigen Bedeutung des Ideals, nicht in der **Verwirklichung** desselben — wie sehr oft in dem Idealismus behauptet wurde — sondern in dem **Einklang der Verhältnisse** besteht die Schönheit; anschauliche Formen und **subjectiver Gehalt sind die allgemeinsten Bestandtheile, und nicht immer sind beide absolut nothwendig zur Bildung der Schönheit.** Jeder von ihnen kann für sich allein bestehen und zwei besondere Gattungen des Schönen bilden: das **Formal-Schöne**, herrschend in der Architektur und das **Geistig- (oder Subjectiv-) Schöne**, herrschend in der Poesie, wo die am meisten abstracte objective Form — die Worte — gebraucht wird. Beide Momente durchdringen sich in den bildenden Künsten (Plastik und Malerei) und durch ihren Einklang können sie ein ästhetisches Wohlgefallen erzeugen; so entstehen das Plastisch- und das Malerisch-Schöne.

Es bleibt uns nun noch übrig, einen kurzen Blick auf die Objectivirung des Schönheitsbegriffes in der Natur und Kunst zu werfen. In den verschiedenen Auffassungen der Natur und in der Bildung der Hauptgattungen der Kunst finden wir einen Wegweiser für die Entwickelung des Schönheitsbegriffes in dem Bewusstsein der Völker, und so können wir auch **aus dieser Seite** die bildenden Elemente des Schönen bestimmen und die Frage, ob die Schönheit nur in den Formverhältnissen bestehe, beantworten. — Dies bildet den Gegenstand des nächstfolgenden Capitels.

---

Drittes Capitel.

## Natur- und Kunstschönheit.

**Schönheitstrieb**. — Der Schönheitstrieb oder Sinn für Schönheit ist dem Menschen angeboren, er ist gewissermaassen einer von seinen Instincten. Darwin in der Erörterung seines Princips „der geschlechtlichen Zuchtwahl" behauptet, dass auch die Thiere einen eigenen Sinn für Schönheit haben, welcher zur Entwickelung und Verschönerung der Species beiträgt, so z. B. die Vögel singen, tanzen, putzen sich, bauen sich kleine Paläste u. s. w. Wie es auch sein mag, dieser Sinn für Schönheit manifestirt sich in irgend einem Maasse auch bei den rohen Völkern; auch bei ihnen finden wir eine **eigenthümliche Art Putz** als Verschönerung des Körpers, die aber verschieden bei verschiedenen Völkern, mehr eine **potentielle Fähigkeit** ist, welche entwickelt werden muss.

Diese Entwickelung hängt:

1. von der Beschaffenheit der Natur ab, welche den Menschen umgiebt. — Es besteht ein enger Zusammenhang zwischen der Beschaffenheit der Erde, auf der die mannigfaltige Entwickelung des gesammten Lebens eines Volkes im Laufe der Zeit geschieht und zwischen der Form dieser Entwickelung selbst. Die einförmige Entfaltung der Cultur der Aegypter und ihre frühzeitige Erstarrung, wie auch die absolute Unfähigkeit zu weiteren Fortschritten der sogenannten **orientalischen Civilisation**

im Allgemeinen, andererseits die reiche, mannigfaltige Entwickelung des griechischen Lebens, die Möglichkeit einer gründlicheren Erforschung der Geheimnisse der Naturerscheinungen, eine ideale Auffassung derselben und endlich die Entwickelung des nationalen und individuellen Selbstbewusstseins, alle diese Thatsachen des socialen Lebens sind gewissermaassen Producte der natürlichen Beschaffenheit der Erdtheile, in welchen diese Völker gelebt haben.*)

Nicht bloss der **physisch-physiologische** Einfluss der Natur als **Klima, Nahrung und Bodenbeschaffenheit**, Variation zwischen Thal und Berg oder Festland und Seeküste, der Verlauf mächtiger Ströme u. s. w. sind ein wichtiges Moment im Leben eines Volkes; sondern auch die **psychologische** Einwirkung derselben, nämlich die Ansicht der äusseren Natur ist von einer ebenso grossen Bedeutung für seine geistige Entwickelung. Die riesenmässigen Gebirge, die gewaltigen Ströme, die häufigen Erdbeben, der erhabene Anblick der See mit ihren häufig wiederkehrenden Stürmen, die riesigen Schlangen und wilden Thiere sind so viele überwältigende Naturerscheinungen, deren Einwirkung in dem Individuum, welches in der Mitte dieser Gewalten sein Leben zu erhalten strebt, das Bewusstsein der Schwäche gegenüber der feindseligen grandiosen Natur erwecken wird. Die grosse Ueppigkeit der morgenländischen Natur bietet zwar dem Menschen eine leichte Existenz dar und wird dadurch eine Bedingung für den Anfang der Cultur; aber die überwältigende Ansicht derselben betäubt und bestrickt zugleich seinen Geist, lässt keinen Raum für die Entwickelung seiner eigenen Energie, er sinkt zur Sklaverei, und so tragen Religion, Sitte, Kunst und politische Organisation, alle Lebensäusserungen des betreffenden Volkes, das Siegel einer Gebundenheit und Abhängigkeit von der äusseren Natur an sich. Im Gegentheil, die Beschaffenheit des griechischen Landes übt durch eine mildere Ansicht eine wohlthuende Einwirkung auf das Individuum aus, erlaubt ihm die Entwickelung seiner eigenen Energie, und dadurch erhält seine Auffassung von der Natur und von sich selbst eine ganz andere Richtung. „Starres und Flüssiges, Berg und Niederung, Dürre und Feuch-

---

*) Vergleiche hierüber: Ernst Curtius. Griechische Geschichte. Band I. S. 11. ff. (IV. Auflage, Berlin 1864).

tigkeit, trachische Schneestürme und tropische Sonnengluth, alle Gegensätze, alle Formen des Naturlebens kommen da zusammen, um auf die verschiedenste Art den Menschengeist zu wecken und anzuregen. Wie aber diese Gegensätze sich alle in eine höhere Harmonie auflösen, welche das ganze Küsten- und Inselland des Archipelagus umfasst, so wurde auch der Mensch darauf hingewiesen, zwischen den Gegensätzen, die das bewusste Leben bewegen, zwischen Genuss und Arbeit, zwischen Sinnlichkeit und Geistigkeit, zwischen Denken und Fühlen, das **Maass der Harmonie** herzustellen."*)

Die Ansicht der Mannigfaltigkeit der Natur im Allgemeinen wirkt unmittelbar auf das Gefühl und die Phantasie des Menschen. Es ist wahr, dass dies in sehr verschiedener Weise bei verschiedenen Völkern und Individuen geschieht; aber eine völlige Gleichgültigkeit gegenüber den Formen des Geschehens der äusseren Natur finden wir bei keinem Volke, es ist immer nur von einem Gradunterschied die Rede. Der wilde Amerikaner selbst in seiner Sorglosigkeit gegenüber der Natur, mit seinem einfachsten raubwirthschaftlichen System, beweist doch eine innere Gemüthsbewegung derselben gegenüber. — Fast jede Menschen-Versammlung hat sich eine Art Verständniss der Natur mit mehr oder weniger dichterischer Begabung erdichtet.

2. Steht die Entwickelung des Schönheitstriebes im Gegensatz zu dem **Nützlichkeitstrieb** oder **Selbsterhaltungstrieb** und hängt von der Leichtigkeit oder Schwierigkeit der Befriedigung desselben ab. In den Anfängen der Entwickelung des menschlichen Lebens wird der Mensch die ganze Summe der Energie im Kampfe um's Dasein, für seine Selbsterhaltung anwenden. Wenn aber die äusseren Naturbedingungen: Klima, Bodenbeschaffenheiten u. s. w. eine Anhäufung des Reichthums erlauben, d. i. eine Anhäufung der potentiellen Energie, so dass ein Volk nicht die ganze Summe seiner eigenen Kräfte zu Nützlichkeitszwecken gebrauchen muss, erst dann fängt allmählich dieser Schönheitstrieb sich zu entwickeln an. Seine Entstehung erklärt sich durch das Princip der Energie, aber nicht ganz.

Durch eine zu grosse Anhäufung von Energie in einem Theil des Systems wird dieser Theil zur Entladung der Kräfte

---

*) E. Curtius a. a. O. Bd. I. S. 15.

geneigt. So lange das Individuum den ganzen Vorrath von Energie im Kampfe um's Dasein verbrauchen muss, entsteht noch keine bedeutende Anhäufung und kein besonderes Phänomen des socialen Lebens. Die ganze Natur wird von dem Standpunkte der Nützlichkeit zum Zwecke des Daseins betrachtet. — In dem Augenblicke aber, wenn der Kampf um's Dasein leichter wird (und die Geschichte der Cultur zeigt uns solche Momente) ergiebt sich auch die Möglichkeit einer solchen Anhäufung von potentieller Energie, die keinen nützlichen Verbrauch finden kann, und woraus das Streben nach Spiel und Erholung entsteht. Das Thierreich zeigt uns genügende Beispiele von dieser Art Spiele, bloss Zwecks freier Uebung derjenigen Theile des Körpers, welche keine bestimmte Thätigkeit mehr finden.*)

Dieser Spieltrieb braucht aber in einer bestimmten Richtung dirigirt zu werden, die beim Thiere nach seiner Organisation und beim Menschen zunächst nach dem Grade seiner Cultur geschehen wird. In seinen Spielen wird der Mensch zuerst seinen natürlichen Trieben einen freien Lauf lassen, seine ersten Spiele bewahren diesen besonderen Charakter. Auf einer höheren Stufe der Entwickelung verfeinert der Mensch seine Spiele, seine Phantasie beginnt ihre Entwickelung und er findet mehr Genuss an eigentlichen Phantasie-Spielen: damit entsteht die Kunst und mit ihr eine verschiedene Auffassung der Natur.

Dieser Reichthum der Kräfte ist aber nur die äussere Gelegenheit zur Entstehung des Schönheitsbegriffes: die subjectiven und objectiven Bedingungen der Schönheit existiren schon in der Beschaffenheit der menschlichen psychischen und physiologischen Natur und zugleich in der Mannigfaltigkeit der Naturerscheinungen. — Dass eine Kanonenkugel z. B. zu einer Distanz geschossen werden kann, erklärt sich durch die Spannungskraft des Schiesspulvers, aber dass sie ein bestimmtes Ziel mit einer bestimmten Kraft erreichen und distructiv wirken kann, dies liegt zugleich in der Beschaffenheit der Kanone, in der Richtung, welche ihr gegeben wird und in der Möglichkeit des Zieles durch die Kugel zerstört zu werden. So auch hier: eine Ansammlung von potentieller Energie bedarf einer Explosion,

---

*) Siehe Herbert Spencer: Psychologie. (Französische Uebersetzung von Ribot und Espinas, Paris 1875.) II. Bd. S. 664.

nun wenn diese Explosion nicht zur Nützlichkeit, so wird dieselbe zur Erholungsthätigkeit geschehen; aber dass die Erholung die Richtung der Schönheit nimmt, dies hängt von der besonderen Beschaffenheit der psychischen und physischen Organisation des Menschen selbst ab.

Naturschönheit. — Aus dem schon erörterten Princip der Energie folgt, dass die erste Hauptbedingung für das Verständniss und die Bewunderung der Natur in der Befreiung von den Sorgen des Lebens liegt. Nur in dem Maasse, wie dem Individuum müssige Stunden zu seiner Verfügung stehen, also in dem Maasse, wie es sich selbst vergessen kann, ist es im Stande, allmählich seinen Blick auf die umgebende äussere Welt zu richten, und erst dann erweckt sich in ihm die Bewunderung der Naturerscheinungen, damit zugleich der Wissenstrieb, für dessen Befriedigung im Anfange seine Einbildungskraft und nur später der Verstand selbst sorgen wird. Auf diese Weise ermöglicht sich die Entstehung der Dichtkunst, der Mythologie, der Wissenschaft u. s. f.

Eine zweite Bedingung dafür ist die Seltenheit oder Erhabenheit der Phänomene. Es muss etwas auffallend sein, um unsere Aufmerksamkeit erregen zu können; das, was gewöhnlich geschieht, prägt sich so tief in unsere Seele ein, dass es uns selbstverständlich scheint und nur auf einer reiferen Stufe des philosophischen Denkens kommt der Mensch dazu, sich auch über gewöhnliche Erscheinungen zu fragen. Jeden Tag sehen wir die Sonne ihren Lauf gehen, und ohne unsere besondere Aufmerksamkeit darauf zu lenken, geniessen wir ihre Wärmestrahlen oder die Schatten der Wälder. So thaten z. B. auch die alten Griechen gegenüber der schönen Natur ihres Landes. Dem alten Griechen fehlt jene sentimentale Hingebung an die Natur, welche z. B. die Germanen besonders charakterisirt. Der Grieche freut sich über Natur, sie imponirt ihm, er bewundert sie; aber die Natur in ihrem an und für sich ergreift ihn nicht, sie ist für ihn bloss der Schauplatz seines eigenen Daseins und nur als solcher erweckt sie sein Interesse, die Natur an sich ohne Verhältniss zum Menschen berührt ihn nicht. — Dagegen die verhältnissmässig ärmere, fast einförmige Natur Nord-Europa's mit nur seltenen Erscheinungen von schönen Landschaften, Bergen u. s. w. erweckt die Sehnsucht nach einer schöneren Natur und damit den Trieb sie zu schmücken, so

z. B. im germanischen Volke, eben dadurch lässt sich auch die besondere charakteristische Liebe und Verehrung der Germanen für die Wälder erklären.

Sind diese äusseren Bedingungen des Genusses der Naturschönheiten einmal vorhanden, so kann die Natur in zweierlei Weise auf uns einwirken: entweder **direct**, durch ihre objectiven Formverhältnisse, insofern diese in Uebereinstimmung mit den Formalgesetzen unseres ästhetischen Genusses sind; oder **indirect** durch die subjectiven geistigen Zustände, welche die objectiven Formen in unserem Bewusstsein erregen können. — Der Einklang der Formen als Einheit in der Mannigfaltigkeit, als Harmonie der Farben, Bewegungen und Gestaltungen u. s. f. veranschaulicht in den Welterscheinungen die **Idee der allgemeinen Weltordnung**, die von den Griechen durch das Wort „**Kosmos**" bezeichnet wurde, und wirkt dadurch auf uns selber harmonisch ein, d. h. unser eigenes Lebensgefühl auf wohlthuende Weise erhöhend. Andererseits aber bewegt die Natur unser ästhetisches Gemüth nicht bloss als Harmonie der Formen, sondern auch kraft des schon erörterten **ästhetischen Assotiationsprincips**, durch die inneren Bewusstseinszustände, Gedanken und Gefühle, die sie in uns zu erwecken vermag, durch den Einklang der objectiven Formen mit ihrer geistigen Bedeutung und durch die Uebereinstimmung der Naturgegenstände mit unseren **Idealen des Charakteristischen und der Vollkommenheit**\*), d. h. wie wir uns die Gegenstände denken, dass sie sein müssen. — Als ein Beispiel hierfür erwähnen wir die bekannte Beobachtung **Mengs**: „Wir heissen eine Art Stein „schön", wenn er ganz einfarbig und einen anderen auch schön, wenn er ganz verschiedene Flecke und Adern hat . . . . Ebenso ein Kind wäre garstig, wenn es wie ein reifer Mensch aussehe: der Mann ist garstig, ist er wie ein Weib gestaltet und das Weib ebenfalls, wenn es dem Manne gleicht."\*\*) Natürlich, weil wir von allen diesen Gestaltungen verschiedene Ideale der Vollkommenheit uns gebildet haben, mit welchen sie in Widerspruch gerathen.

---

\*) Ueber die Ideale der Vollkommenheit siehe **Kant**, „Kritik der Urtheilskraft", § 16.
\*\*) Raph. Mengs. Gedanken über die Schönheit und über den Geschmack in der Malerei. (Cap. 1, § 12.)

Der subjective mittelbare Factor der Schönheit erhöht den ästhetischen Werth vieler Naturerscheinungen, die durch ihre rein formale Beschaffenheit nur einen sehr geringen ästhetischen Werth haben würden. So z. B. die Concertstimmen der freien Natur sind — in Wahrheit — keine Musik; das Vergnügen, das wir an ihnen finden, hat seinen Grund nur in den Gedanken und Gefühlen, die wir mit diesen Klängen oder Geräuschen associiren, also in der indirecten Bewegung der Phantasie und in der dadurch bewirkten Erregung des Gemüthes.

Kunst und Kunstschönheit. — Allein weder die Natur selbst in ihrem stetigen Verlaufe des Geschehens ist im Stande uns überall solche harmonische Gebilde darzubieten, noch der Mensch, in den ersten Anfängen der Cultur kann eine hinreichende Abstractionsfähigkeit besitzen, um ihre Schönheit zu empfinden und damit zufrieden zu bleiben. Schon beim Kinde finden wir einen Trieb des Schaffens nach seiner eigenen Phantasie; die fertigen Spielwerke werden von ihm nach seiner Einbildungskraft bearbeitet; das, was wir die Zerstörung derselben nennen, ist von diesem Gesichtspunkte aus bloss ein Product der activen Phantasie des Kindes. Dasselbe finden wir auch bei den rohen Völkern und selbst bei den Thieren, in Bezug auf die Natur, d. i. die Bearbeitung der Natur. Im Anfange sind Mensch und Thier in dieser Hinsicht ziemlich gleich, beide bearbeiten die Natur zu ihrem Vortheil, nicht weiter. Allmählich aber zeigt sich der Unterschied in der Mannigfaltigkeit des Reichthums der Formen, in welcher sich diese Bearbeitung beim Menschen vollzieht, die einen Beweis seiner höheren geistigen Kräfte, seiner höheren Combinationsfähigkeit liefert.

Einmal die Möglichkeit der Erholungsstunden gegeben, wendet der Mensch das Plus von Energie zu Combinationen und Thätigkeiten an, welche eine wohlgefällige Erschütterung seines Nervensystems mit sich bringen können, d. i. zum Spiel. Spiel in körperlichen Bewegungen und in Lustkämpfen, Spiel in Geisteskämpfen auf einer höheren Stufe der Cultur, Spiel in Bearbeitung der Stoffe u. s. w. Damit fängt die Kunst in ihrem echten Sinne an, d. h. als eine Befriedigung des Schönheitstriebes. Der Mensch fühlt die Nothwendigkeit, die Natur nach seinen Idealen umzuwandeln, das Charakteristische hervorzuheben u. s. w. Damit aber wandelt sich zugleich der Schönheitstrieb in Kunsttrieb um. Die Kunstschönheit entsteht also als eine Befriedigung des Schönheits-sinnes und der activen Phantasie (Schaffungstrieb). Weil aber der Schönheitstrieb im Gegensatz mit der Nützlichkeit steht und sich aus ihr entwickelt, so erklärt es sich, dass — wie die Geschichte der Cultur zeigt — der Uebergang von der Nützlichkeit zur Schönheit nur sehr langsam geschehen wird. Zuerst fängt der Mensch sein Leben behaglicher zu machen an: man baut sich bessere Wohnungen, schafft sich bessere häusliche Instrumente u. s. w. und erst später denkt man an die Verschönerung derselben. Diejenigen Künste entwickeln sich am frühesten, welche mit der Nützlichkeit enger verbunden sind, so das Kunst-Gewerbe, die Architektur u. s. f.

Die äussere, umgebende Natur mit ihrer Ansicht und mit den Stoffen, welche sie dem Menschen zur Verfügung stellt, die sociale Cultur, die Ruhe oder Störung in der Entfaltung des geschichtlichen Lebens sind ebenso viele Factoren, welche zusammen, neben der subjectiven Natur des Individuums, zur Bildung und Entwickelung der Kunstschönheit wirken. Aus den Eindrücken der äusseren Natur schafft das Individuum seine Ideale, welche nothwendigerweise in sich die Spuren der Quellen, aus denen sie geschöpft worden sind, tragen müssen. In den Stoffen, welche ihm die umgebende Natur darbietet, kann der Künstler zunächst seine Ideale veranschaulichen; diese Stoffe sind aber verschiedener Natur und legen dadurch der Darstellungsfähigkeit bestimmte Grenzen auf: wir erinnern nur an die ägyptische Sculptur im Granit, im Vergleich mit der griechischen Marmorbildhauerei. Endlich bilden sich die Ideale zwar, nach der psychischen Natur des Individuums, nach dem Grade der Lebendigkeit seiner Phantasie und seiner Impressionabilität für die Naturerscheinungen; aber das Einzelne ist nur ein Product der Gesammtheit, seine Subjectivität bildet sich unter dem Einflusse des umgebenden moralischen Mediums, seine herrschenden Gedanken lassen sich bloss durch den Einfluss der Cultur und durch die Umstände der Zeit und des Volkes, in dessen Mitte der Künstler lebte, erklären. Aus dieser Hinsicht ist das Kunstwerk nicht bloss ein individuelles Product, sondern zugleich ein Product des socialen Geistes; die sociologischen Gesetze der menschlichen Entwickelung erklären theilweise auch die Entwickelung der Kunstschönheit.

Die Kunst als allgemeiner Begriff, der die einzelnen Künste in sich enthält, ist eine logische Abstraction der Wissenschaft; in der Wirklichkeit existiren bloss die einzelnen Künste und noch mehr, bloss die einzelnen Kunstwerke. Die Entwickelung jeder Kunst hat ihre besondere Geschichte, die aber mit der Entwickelung der anderen in Verbindung steht.

Fragen wir nun, welche sind diese einzelnen Künste und wie unterscheiden sie sich von einander, so zeigt uns die Aesthetik auch in dieser Hinsicht mehrere mögliche Gliederungen; sie ist bis jetzt noch zu keiner allgemeinen Uebereinstimmung darüber gekommen, welche von diesen die natürliche und welche die künstliche Gliederung sei. Max Schasler meint, dass die Classificirung der Künste der Prüfstein eines ästhetischen Systems sei; und das ist sehr richtig, denn nur ein wirkliches System kann eine natürliche Classification geben. Aber ohne in eine Kritik der verschiedenen, bis jetzt vorhandenen Classificationen der Künste einzugehen, wollen wir hiernächst eine auf psychologischen Gründen beruhende Eintheilung der Hauptgattungen der Kunstschönheit aufstellen.

Die Künste unterscheiden sich von einander nach dem Stoffe, nach den ästhetischen Elementen, aus welchen sie bestehen, und nach der Art der Einwirkung auf uns. Betreffs des Stoffes unterscheidet man zunächst diejenigen, die unter den Anschauungsformen des Raumes und diejenigen, die unter den Anschauungsformen der Zeit vorkommen. Betreffs der subjectiven Einwirkung kann nun diese Einwirkung entweder eine gleichzeitige oder eine successive sein, und je nachdem auf den psychologischen Gesetzen entweder der gleichzeitigen Wirkung der Bewusstseinszustände, oder der successiven Wirkung derselben beruhen. Die Künste, welche eine Darstellung im Raume bilden, sind zugleich auf den Gesetzen der gleichzeitigen Gegenwirkung begründet, denn ihre Einwirkung beruht mehr auf einer gleichzeitigen Anschauung, so die Architektur, Plastik und Malerei. Aber diejenigen, die eine Darstellung in der Zeit sind, wo eine Nacheinanderfolge der Vorstellungen stattfindet, sind den psychologischen Gesetzen der successiven Wirkung unterworfen; so zunächst die Musik und die Poesie. Endlich die schöne Gartenkunst und der Tanz nehmen eine mittlere Stelle ein; sie bieten plastische Darstellungen im Raume dar, und als solche beruhen sie auf gleichzeitiger Einwirkung, aber ihre besondere Charakteristik liegt in der Nacheinanderfolge der Einwirkungen, nämlich im Tanz nacheinanderfolgende Bewegungen, in der Gartenkunst partielle Eindrücke, welche nur successiv angeschaut werden können.

Die Künste jeder von diesen drei Gruppen variiren nun noch betreffs der ästhetischen Elemente, aus denen ihre Schönheit gebildet ist, und eben diese letzte Unterscheidung ist von einem besonderen Interesse für unser Thema. — Wenn der Anatom einen Theil des menschlichen Körpers in seinen Einzelheiten studiren will, so sondert er erst diesen Theil von den anderen und dann vergrössert er ihn unter dem Mikroskop, und so, die Theile der Theile vergrössernd, kommt er endlich dazu, sich davon einen klaren Begriff zu bilden. Durch die Vergrösserung der Theile treten ihre Verhältnisse zu einander seinem Auge deutlicher hervor. Allein für die Gegenstände der psychologischen Erfahrung ist dieses Mittel nicht mehr brauchbar, und gerade darin besteht eine von den Hauptschwierigkeiten der psychologischen Analyse; trotzdem, bemerkt Taine in seiner Psychologie, dass die Geistesstörungen, die Phänomene der Völkerpsychologie u. s. f. eine analoge Gelegenheit für die psychische Beobachtung liefern können, wie die unter dem Mikroskop vergrösserten Gegenstände. Denselben Dienst kann nun auch die specielle Betrachtung der einzelnen Künste der Aesthetik darbieten. Denn das Schöne ist zunächst ein Begriff, wollen wir seine Bestandtheile analysiren, so können wir freilich ihn als solchen (d. i. als Begriff) nicht unter das Mikroskop bringen; aber dieser Begriff ensteht in uns, wie schon früher bewiesen worden ist, durch die Anschauung der Naturgegenstände, denen wir ihn als ihre Eigenschaft zuschreiben; also diese Gegenstände selbst mit stetiger Berücksichtigung ihrer Einwirkung auf uns müssen wir analysiren. Aber angenommen, dass die gesammte Einwirkung eine zusammengesetzte sei, so entsteht die Nothwendigkeit einer Sonderung und Vergrösserung der Theile, um ihre einzelne Wirkung für sich allein zu prüfen. Nun, da das Schöne ein organisches Ganze ist, selbst wenn wir die wirkliche Möglichkeit einer solchen Sonderung und Vergrösserung voraussetzen könnten — was nicht der Fall ist — entsteht doch der Zweifel über die Wahrheit der Resultate ebenso wie es bis zu einem gewissen Punkte auch bei den physiologischen Experimenten geschieht, weil wir das Ganze zerstört haben. Allein inwiefern wir das Schöne in sehr verschiedenen Gegenständen und in verschiedener Weise in der Natur und Kunst verwirklicht finden, entsteht die Frage, ob nicht die Kunst und Natur selbst uns diese Vergrösserungen einzelner Elemente des Schönen liefere, und in Wirklichkeit so ist es auch der Fall. Die verschiedenen Künste (wie die verschiedenen Naturschönheiten) bieten uns eine successive Reihe dar, wo wir die zwei Elemente neben und nacheinander im entgegengesetzten Verhältnisse stehend finden. In dem Maasse, als das objective, formale Element aufsteigt, nimmt das subjective oder geistige Moment ab, und umgekehrt, so dass wir bei den beiden Polen der Reihe die Künste oder Gruppen von Künsten finden, von denen die einen (schöne Gartenkunst, Tanz und Architektur) das formale Element, die andere (Poesie) das ideelle vorherrschend zeigt. So erklärt sich diese allgemeine Betrachtung des Schönen in den speciellen Künsten als eine, in figurirter Sprechweise sogenannte analytisch-mikroskopische Untersuchung, wo die zwei Elemente, die das Schöne bilden und ihre einheitliche Verbindung zur grösseren Evidenz vorkommen.

Wir wollen nun die Hauptgattungen der Kunstschönheit eben in dieser Stufenfolge in Uebersicht nehmen.

### Die Schönheit der Gartenkunst.

Wir fangen mit der III. Gruppe an, weil in ihr am entschiedensten die objectiven Verhältnisse der Form als Grundbedingung der Schönheit auftreten. Die Gartenkunst als eigentlich schöne Kunst ist eine Production der neueren Zeiten. Die Gärten der alten Griechen und Römer hatten bloss das Angenehme und Nützliche sich als Zweck gesetzt, und der Grund davon liegt in der schon erwähnten Verschiedenheit ihrer Ansichten von der Natur. Das Mittelalter war zu sehr in Völkerkämpfen befangen, um jene Ruhe, die eine Grundbedingung für die Versenkung in das geheime Weben der Natur ist, und ohne welche die Schönheit eines Gartens nie zum vollen Bewusstsein kommen kann, zu gewinnen. Erst in den neueren Zeiten finden wir die Gartenkunst als eine schöne Kunst behandelt, d. h. ebenso wie die Landschaftsmalerei, versucht sie, durch die Harmonie der Formen der verschiedenen Naturerscheinungen auf unser Gemüth einzuwirken und es in eine besondere und eigenthümliche Stimmung, sei es des Erhabenen, des Romantischen, des Idyllischen u. s. w. — nach dem besonderen Charakter dieser Formcombinationen selbst — zu versetzen.

Allein im Anfange entwickelt sich die „schöne Gartenkunst" nach zwei entgegengesetzten Richtungen, nämlich einerseits in den sogenannten französischen Gartenanlagen finden wir die Missachtung der Gesetze der freien Entwickelung der Naturformen, die willkürliche Anwendung des Lineals und der Schnur auf Bäume und Gebüsche u. s. f., kurz, die despotische Unterwerfung der Naturformen, den Gesetzen der Symmetrie, die einen architektonischen Charakter diesen Anlagen verleihen; andererseits trifft man in den englischen Parks das entgegengesetzte Extrem, d. i. die Nachahmung der Natur, die aber dadurch zu einer matten Copie der natürlichen Landschaften werden. Mit der Zeit kam man zu der Ueberzeugung, dass diese zwei Richtungen nur zwei entgegengesetzte Extreme sind, und dass hier, wie auch in vielen anderen Fällen, die echte Schönheit nur in der Mitte zu treffen sei. Die Schönheit eines Gartens als ein Product der Kunst soll zwei durchaus nothwendige Bedingungen in sich enthalten: erstens, insofern es sich dabei um Naturformen handelt, muss der Garten natürlich sein, d. h. für eine freie Verwirklichung der Naturgesetze gelten; zweitens aber inwiefern die Schönheit des Gartens ein Kunsterzeugniss ist, soll sie zugleich eine Idealisirung der Natur nach den ästhetischen Formalgesetzen und nach der Einbildungskraft des Künstlers sein. Die Ansicht der Natur im Allgemeinen ist ein mächtiger Hebel zur Erregung unserer dichterischen Einbildungskraft. Mit der Erregung der Phantasie hängt aber die Einführung subjectiver Elemente in den objectiven Formen der Kunstanschauung zusammen, so dass wir den verschiedenen Gegenden, nach der besonderen Art der Combinirung der objectiven Formen einen lieblichen, heroischen, romantischen, idyllischen Charakter u. s. w. andichten. Folglich soll der betreffende Künstler auch dieses Moment in Betracht ziehen und die objectiven Formen nicht nur als solche, sondern auch in Verbindung mit einem ihnen entsprechenden geistigen Gehalt behandeln.

Gewiss ist das hineingeführte subjective Element sehr veränderlich, nach der Individualität und momentanen Stimmung, aber es giebt doch hier wie überall in den Werken der Kunst, gewisse Grenzen, unter welchen diese Veränderlichkeit sich bewegt und welche allein hier in Betracht genommen werden müssen. So z. B. wenn Jemand in einem sogenannten englischen Garten sich befindet, soll er nothwendigerweise an die Freiheit und an das Naturgefühl denken; im Gegentheil möchte man die Parks Ludwig's XIV. von Versailles für eine unbewusste Symbolisirung des Despotismus ansehen u. s. w. Doch dürfen wir nicht zu weit mit der Hineinführung einer geistigen Bedeutung gehen, ohne damit den eigenen Charakter dieser Kunst zu verändern; sie ist eine Kunst der schönen, idealen Formen der Natur und soll vor Allem das bleiben, was sie ist.

## Die Schönheit der Bewegung.

Die Schönheit der Bewegungen ist auch eine rein formale, sie beruht zunächst auf den Gesetzen des Rhythmus. Mannigfaltige Bewegungen durch Richtung, Schnelligkeit u. s. f. müssen in den rhythmischen Wiederholungen ihre einheitliche Verbindung finden. Fehlt die Mannigfaltigkeit, so ist die Bewegung einförmig, damit ermüdend für unsere Augen, also unschön; sind die mannigfaltigen Bewegungen ohne rhythmische Einordnung, so scheinen sie unregelmässig, und die Einwirkung auf unser Gemüth bleibt immer negativ. Eine zweite Bedingung der Schönheit der Bewegungen ist die Uebereinstimmung mit unseren Idealen der Vollkommenheit und der Plasticität, welche wir uns von den Bewegungen der Natur geschaffen haben. Es können rhythmische Bewegungen geschehen, ohne schön zu erscheinen, nur weil sie nicht natürlich erscheinen; so z. B. Bewegungen, die so ungeschickt executirt werden, dass wir zu viele Anstrengungen zu ihrer Vollführung wahrnehmen, lassen uns unzufrieden, weil wir ihre Unnatürlichkeit damit wahrgenommen haben. Im Gegentheil, die schwierigsten Bewegungen, wenn sie mit Leichtigkeit vollführt werden, befriedigen unser Gemüth, eben weil sie als natürlich erscheinen.

Wir entdecken hier in dieser letzten Forderung die Idee der inneren Kraft, von welcher die äussere Bewegung abhängig ist, und mit der sie in Uebereinstimmung bleiben muss. Dies ist ein geistiges Moment in der Schönheit der Bewegung, auf Association der Ideen beruhend, welches nie ausser Acht gelassen werden muss, wenn eine vollkommene Schönheit bezweckt werden soll.

Die Schönheit der Bewegungen wird auch **Anmuth** oder **Grazie** genannt. Sie bildet eine selbständige Kunst — den **Tanz** im allgemeinsten Sinne — und ist zugleich ein Bestandtheil der formalen Schönheit. Sie macht in der Architektur, Malerei und Sculptur einen wesentlichen Theil ihrer Schönheiten aus. Die Bewegungen der Linien in der Architektur müssen neben Symmetrie und Proportionalität auch Anmuth enthalten; und ebenso auch die **Stellung** oder **Faltenwurf** in der Sculptur und Malerei.

### Das Architektonisch-Schöne.

Die Architektur liefert uns das glänzendste Beispiel der Vergrösserung des **formalen Elements** des Schönen; das Moment der Idee fällt in ihr nicht ganz und gar aus, sondern tritt nur in den Hintergrund und nimmt einen geringeren Theil von der gesammten Schönheit der Baukunst ein.

Jedes Bauwerk dient zunächst einem bestimmten, wir möchten sagen, nützlichen Zwecke; sei es ein Wohnungsgebäude oder ein göttlicher Tempel, oder ein Triumphbogen zur Verehrung eines siegreichen Helden u. s. f.: es erfüllt immer ein bestimmtes, äusseres Bedürfniss des Menschen. Alle diese bestimmten Zwecke liegen freilich ausser dem eigentlichen, ästhetischen Gebiete, wir lassen sie daher bei Seite und erwähnen nur, dass die **allgemeine** Form des Bauwerkes zunächst durch diese Zwecke bestimmt sein wird; und dass nur, indem man neben dieser technischen Zweckmässigkeit zugleich durch das freie Modelliren und Combiniren der Theile ein dem Auge ästhetisch wohlgefälliges Werk zu bauen strebt, auch die Baukunst zu einer freien, schönen Kunst sich erheben kann.

Die Baukunst findet in der wirklichen Natur fast nichts, was sie nachahmen könnte: sie ist ebenso wie die Tonkunst, eine Schöpfung des Menschen kraft seiner höheren, geistigen Anlagen, die aber nur durch eine langsame Entwickelung sich bis zu einer höheren Vollendung zu erheben vermochte. Demnach ist auch der Begriff der architektonischen Schönheit ein Product der geschichtlichen Evolution. Betrachten wir nun die gröberen Züge dieser Entwickelung, so finden wir von unserem Gesichtspunkte aus, folgende drei Hauptstadien in der Evolution der architektonischen Idee:

1. Die **primitive Vorstufe** der Kunst, in welcher nur

an die erste Bedingung, nämlich an die Befriedigung eines Bedürfnisses gedacht wird. In diese Periode fallen die vorhistorischen Versuche und die historischen Anfänge der Baukunst, die sonst auch heut zu Tage bei unentwickelten Völkern anzutreffen sind. — In den wenigen Ueberresten dieser unberechenbaren Periode sind fast keine Spuren von einer Tendenz zur Befriedigung des ästhetischen Gemüthes nachzuweisen. Kaum in dem Streben nach Zusammenhang und Gleichmaass, welches sich schon in den ältesten keltischen Monumenten erkennen lässt, oder in der teppichartigen Ornamentik, durch welche bei einigen von den wahrscheinlich späteren Monumenten dieser Periode die Flächen ganz überdeckt und die Construction verhüllt wird, könnte von einer solchen Befriedigung des Sinnes für Schmuck und Putz — welche die Grundlage des ästhetischen Lebens ist — die Rede sein. Aber schon selbst in den Werken, wo dies sich nachweisen lässt, wie z. B. in den späteren mexikanischen Monumenten von Uxmal\*), erkennt man sogleich, dass es sich um die höchste Entwickelungsstufe, welche die Urstämme Amerika's erreichen konnten, handelt. So wird man zu der wahrscheinlichen Vermuthung berechtigt, dass die Anwendung der Ornamentik in der Baukunst auch bei den anderen Völkern einen allmählichen Uebergang von der reinen technischen zu einer ästhetischen Bauart bildet. In dem Maasse, wie den Völkern in dem Kampfe um's Dasein mehr Zeit zur Ruhe und Stabilirung gewährt wurde, begannen sie auch einen primitiven Versuch zur Ausbildung des Schönheitstriebes, ihrer geistigen Entwickelung gemäss, zu vollziehen und mit dieser speciellen Besorgung der Form fängt die zweite Periode in der Entwickelung der Baukunst an, nämlich diejenige, in welcher das Bauen zu einer schönen Kunst wird.

2. Die grossartigen Ueberreste dieser Periode bei den geschichtlichen Völkern beweisen durch ihre bewunderungswürdige Technik und meisterhafte Behandlung der Formen, dass in ihnen die Resultate einer altbewährten, baulichen Thätigkeit zusammengefasst sind, also dass eine lange Vorperiode ihnen vorangehen musste. Hierin, wie auf allen anderen Gebieten der Civilisation, unterscheidet sich die orientalische Cultur von der griechisch-römischen Cultur. Der gemeinsame Charakter aller orientali-

---

\*) S. Lübke: Kunstgeschichte (I. Bd. S. 5).

schen und ägyptischen Baukunst ist riesenhafte Grösse und verwirrende Pracht; durch diese Mittel strebten jene Völker das Herz zu rühren und dem Geiste durch den Eindruck des Erhabenen zu imponiren. Die griechische Baukunst hingegen, von ihren ersten Anfängen an, charakterisirt sich durch einfache Klarheit und wahrheitsgetreue Behandlung des Hauptthemas der Architektur: die Harmonie zwischen Last und Stütze sichtbar zu machen oder mit anderen Worten den Kampf zwischen Starrheit und Schwere zu veranschaulichen*).

Jedoch finden wir als einen gemeinsamen Charakter der gesammten antiken Baukunst die Thatsache, dass sie im rein objectiven Sinne gedacht wird. In keinem classischen Gebäude könnte die Rede von einer sinnlichen Symbolisirung subjectiver Elemente sein. Freilich, eine Symbolisirung findet immer statt, aber es ist nur eine sinnliche Symbolisirung von sinnlichen Elementen: so ahmen z. B. die ägyptischen Säulen die Lotosblume nach oder ahmt man den Holzbau im Steinbau nach u. s. w., von der Hinzufügung aber einer subjectiven Bedeutung oder von geistigen associirten Factoren in unserem Sinne ist da noch keine Spur vorhanden. Der Eindruck der ganzen antiken Architektur ist ein geometrischer und mechanischer Eindruck, d. i. Verhältniss der Theile nach zwei Principien: symmetrische und proportionale Mannigfaltigkeit der Formen im Raume und mechanisches Gleichgewicht der Schwere und Starrheit.

Schon dieses letztere, mechanische Princip, welches in der Baukunst der Hellenen die schönste, naturalistische Anwendung gefunden hat, ist eine Uebergangsbrücke zur höheren ideellen Bedeutung. Denn die Schwere ist ein abstracter Begriff und die architektonischen Formen — Harmonie zwischen Säule und Gebälk, Last und Träger u. s. f. — liefern schon ein Beispiel, wo der äussere Formeindruck an einen idealen Eindruck gebunden ist.

3. Eine dritte Periode**) in der Entwickelung der Archi-

---

*) Siehe Schopenhauer. Die Welt als Wille und Vorstellung. (III. Auflage 1859.) II. Bd. S. 475.

**) Anmerkung. Diese Eintheilung der Perioden entspricht der gewöhnlichen Eintheilung in der Geschichte der Kunst nicht, wo freilich mehrere Eintheilungsgründe in Betracht genommen werden müssen; wir

## II. Systematischer Theil.

tektur kommt mit der Tendenz zur Steigerung des **idealistischen Elements**, mit der Strebung nach Symbolisirung geistiger Aspirationen und Gedanken zu Stande; dies findet in **der christlichen, gothischen Baukunst** statt.

Die Römer hatten, wie alle ihre Kunst, so auch die Baukunst von den Griechen herübergenommen, aber sie brachten auch ein neues Element hinzu, das für die weitere Entwickelung der Architektur die höchste Bedeutung erlangen sollte, nämlich **den Gewölbebau.** Die christliche Religion brachte zwar neue **Ideen**, aber sie entlehnte die nothwendigen Formen im Allgemeinen von dem allmählich hinsterbenden Alterthum, so dass beinahe ein Jahrtausend lang die altchristliche Architektur bei dem alten römischen Baustyl stehen blieb, ohne vom allgemeinen ästhetischen Standpunkte aus betrachtet, wesentliche Veränderungen darin einzuführen. Erst mit der freien Entwickelung des **germanischen Geistes** fand ein Bruch aus den Fesseln der antiken Ueberlieferung statt, indem die Germanen **den Spitzbogen** — der schon in den zauberischen Denkmälern der arabischen Architektur aus der Umwandlung des **halbkreisförmigen Bogens** zuerst erschien — zum **Grundgesetz der Construction** erhoben.

In dieser neuen Bauart verschwindet die Horizontallinie, mit welcher die Idee der Last und Begrenzung associirt ist, die Schwere wird durch eine angenehme Täuschung in Bögen und Gewölben verschleiert. Spitzbögen, Strebpfeiler, unzählige Thürme und Thürmchen u. s. f., alle Theile des gothischen Gebäudes streben leicht zum Himmel empor, sie führen den Blick des Menschen nach oben und erwecken in seinem Geiste das Streben der Auflösung aus den irdischen Fesseln und die mysteriöse Sehnsucht nach dem **Unendlichen**.

Auf diese Weise erscheint uns der gothische Dom als das Symbol des christlichen Glaubens und der kühnen Aspirationen jener jugendlichen und energievollen Generationen, die in der Kunst einen neuen und freien Ausdruck für ihre inneren Gefühle und Gedanken suchten; und gerade diesem idealen, ethisch-

---

wollten aber von allen anderen möglichen Momenten der Gliederung abstrahiren und nur diejenigen Hauptstadien hervorheben, welche die **subjectiven und objectiven Elemente** des Architektonisch-Schönen deutlicher zum Ausdruck bringen können.

künstlerischen Streben verdankt er auch seine Entstehung. — In dieser kurzen Entwickelung der architektonischen Idee erblicken wir schon folgende, für unsere Frage wichtigen Wahrheiten:

1. dass aus den ältesten Zeiten die Menschheit in ihrem Schaffen unermüdlich zu einer, wenigstens relativen Schönheit der Formen strebt;

2. dass die Baukunst von ihren ersten historischen Anfängen, durch ihre symmetrischen und harmonischen Formverhältnisse eine directe Befriedigung des ästhetischen Triebes bewirkte;

3. dass der Gebrauch der Symbolisirung — also die Berufung der Association — eines von den ersten Mitteln in der Entwickelung der Kunst gewesen ist. Zunächst wurde sie blos auf sinnlichem Gebiete angewendet, aber mit der weiteren Entwickelung des geistigen Lebens macht man den Versuch, auch einen geistigen Inhalt durch sinnliche Formen zu symbolisiren;

4. dass, obgleich in der Baukunst die geometrischen Formverhältnisse, ebenso wohl wie die Formen eines Krystalls, für sich selbst einen Anspruch an Schönheit machen können, doch in dem mechanischen Principe der Schwere auch ein ideelles Moment zu ihnen hinzukomme. Demnach wäre es unrichtig anzunehmen, dass die Befriedigung dieses Princips der Schwere und die klare und natürliche Veranschaulichung desselben das einzige Thema der architektonischen Schönheit sei. Dies alles ist bloss ein Element der gesammten Schönheit, neben den anderen architektonischen Formverhältnissen, nämlich der Symmetrie, Proportionalität, des goldenen Schnitts u. s. f., mit denen es in Uebereinstimmung gebracht werden muss.

Was ist also das ganze architektonische Werk?

Eine Combination der Formen, welche entweder durch ihre geometrischen und mechanischen Verhältnisse direct unsere Phantasie erregen und das Wohlgefallen erzeugen, oder daneben zugleich auch als Symbol einer geistigen Bedeutung betrachtet werden können und durch Berufung dieses associirten Factors unsere Phantasie und damit unser Gemüth in wohlgefällige Bewegung versetzen. „Unser Wohlgefallen an gothischen Werken — bemerkt sehr richtig Schopenhauer — beruht ganz gewiss grösstentheils auf Gedankenassociationen und historischen Erinnerungen"\*); allein dass es nicht ein der Kunst fremdes Gefühl sei, wie er ferner hinzufügt, wurde schon in der vorliegenden Schrift an passender Stelle hinreichend bewiesen.

Aber mit ein paar geometrischen Linien und mechanischen Combinationen lässt sich natürlich sehr wenig von dem geistigen Leben symbolisch darstellen, und so erklärt sich aus der Natur der Elemente, mit welcher die Architektur arbeitet, die Unmöglichkeit zu weit mit der Idealisirung zu gehen und die Nothwendigkeit bei der Darstellung der objectiven Formen sich zu begrenzen. Also nothwendigerweise bleibt die Architektur eine **Kunst der schönen objectiven Formen**, *per excellentiam*.

### Das Musikalisch-Schöne.

Das Musikalisch-Schöne ist eine subjective Creation des Menschen, es giebt für die Musik kein Muster in der Natur, welches nachgeahmt und idealisirt werden könnte. Zwar ist die Natur überreich an Tönen, aber von dem Begriffe des musikalischen Intervalls findet sich wenig im Gesange der Vögel und der Begriff der **einfachen Verhältnisse** ist da so gut wie gar nicht vorhanden, und ohne diese Begriffe ist eine **Musik nicht möglich.**\*\*) Das Grundmaterial, welches der Musik zu Gebote steht, sind zunächst Töne, aber das Reich der Töne ist sehr gross, in der Musik macht man jedoch nur von einer gewissen Anzahl Gebrauch (etwa von 100 Tönen). Alle Völker haben eine Auswahl unter den Tönen getroffen, welche sie verwenden wollten; sie haben diejenigen zusammengestellt, die zusammen bleiben sollten, und in dieser Weise haben sie sich eine oder mehrere musikalische **Scalen** geschaffen. Diese Scalen variiren bei den verschiedenen Völkern, nach dem Grade ihrer musikalischen Bildung; ihre Vollkommenheit ist die Grundbedingung einer vollkommenen Musik. Diese Töne können nun in verschiedenen melodischen, harmonischen und rhythmischen Combinationen verwendet werden und dadurch verschiedene ästhetische Gefühle bewirken. **Rhythmus, Melodie und Harmonie** bilden die formale Seite der Musik, welche zugleich die

---

\*) Schopenhauer, a. a. O. Band II. S. 474.
\*\*) Pietro Blaserna. Die Theorie des Schalls in Beziehung zur Musik. (Leipzig 1876.) S. 138.

herrschende Seite derselben ist. Die Phantasie kann die verschiedenen Combinationen der akustischen Vorstellungen, unter den formalen Gesetzen der Töne in's Unendliche variiren und so viele Tonwerke bilden, die unser ästhetisches Gemüth angenehm berühren. Sie spielt mit **tönend bewegten** Formen, ebenso wie die bildende Kunst in den **Arabesken** der Ornamentik, mit den Bewegungen der Linien\*); und daraus enstehen unsterbliche Kunstwerke, die eine formale Schönheit besitzen, aber die zugleich, als Werkzeuge der Phantasie, ein geistiges, ideales Product sind. — So weit hat die **formale Aesthetik** recht, denn die Töne, als akustische Vorstellungen, haben eine Bedeutung für sich, auch ohne etwas Besonderes auszudrücken, ohne eines besonderen Inhalts zu bedürfen.

Betrachten wir aber den Ton etwas näher, so sehen wir, dass er, unabhängig von den melodischen Eigenschaften, noch die Eigenthümlichkeit des **Ausdrucksvollen** besitzt. Wenn wir Schmerz oder Freude fühlen, äussern wir dies durch gewisse Modificationen des Accents, des Rhythmus und der Klangfarbe unserer Stimme, und dasselbe bemerken wir auch bei den Thieren. Das Schreien z. B. variirt in verschiedenen Graden der Intensität, nach verschiedenen Graden des Schmerzes. Dies sind im Anfange **Reflexactionen**, aber später führt mit dem Fortschritte der Cultur hier, wie bei den Ausdrucksbewegungen im Allgemeinen, die vernünftige Ueberlegung gewisse **conventionelle** Modificationen ein. Auf dem Grunde dieser psychologischen Erscheinungen associiren wir diese verschiedenen Modificationen der Stimme mit verschiedenen Zuständen, in welchen das Individuum sich befindet, so dass ein Schrei inmitten des Waldes hinreichend ist, um unsere Phantasie in's Spiel zu versetzen: wir setzen z. B. einen Unglücksfall voraus. Dies sind freilich sehr elementare Beobachtungen, aber durch ihre Einfachheit selbst sehr wichtig, um eine Thatsache festzustellen, nämlich, **dass die Töne durch ihre Combinationen und Modificationen unser inneres Befinden, bis zu einem gewissen Grade, äussern oder darstellen können.**

Weil nun in einem Tonwerke die Phantasie durch die Einheit des psychischen Lebens bedingt, nur unter dem Einflusse

---

\*) Vergleiche: Dr. Ed. **Hanslick**. Vom Musikalisch-Schönen. (5. Auflage 1876.) S. 45.

der subjectiven Gefühle das akustische Material combinirt und **musikalische Ideale** schafft, so müssen diese Toncombinationen mit den inneren Gefühlen in strenger Verbindung sein. Die innere Stimmung des Künstlers giebt ihnen die individuelle Farbe und einen besonderen Charakter. Ebenso wie ein entsetzter Schrei den inneren Schmerz ausdrücken, kann, was durchaus nicht zu bestreiten ist, so kann auch eine Molltonart einen peinlichen Schmerz ausdrücken, oder langsame, in schmerzliche Dissonanzen gerathende und erst durch viele Takte sich wieder zum Grundton zurückwindende Melodien **traurig** erscheinen, als analog der verzögerten, erschwerten Befriedigung".*) Auf diese Art können die Modulationen der Töne — als Symbole — die inneren Bewegungen der Seele des Künstlers zum Ausdrucke bringen. Noch mehr: es ist bekannt z. B., dass verschiedene Völker eine verschiedene musikalische Farbe ihren Nationalliedern geben, und dass diese Farbe in Verbindung mit dem inneren Leben des Volkes und mit seiner socialen Entwickelung steht. Wer kennt nicht den träumerisch-melancholischen Charakter der slavischen Nationallieder, die sociale Sentimentalität der französischen, den behaglichen gemässigten Charakter der deutschen Volkslieder u. s. w. Oder wer hat einmal die charakteristische, rumänische **Doina** gehört, ohne zugleich an das schwere geschichtliche Leben dieses Volkes inmitten des gewaltigen Stromes der Invasion der Barbaren und an seine Sehnsucht nach einer unbekannten Zukunft zu denken? Nicht nur die Gefühle des individuellen Geistes, sondern auch zugleich diejenigen des Volksgeistes selbst finden ihre Expression in der Tondichtung. Als ein Beispiel des individuellen und Volksgeistes zugleich kann uns Chopin's Musik dienen. Der besondere Accent und Rhythmus, das freibewegte Zeitmaass mit seinen Nüancen, die Harmonie mit ihren reizenden und interessanten Dissonanzen und der Zug von Schwermuth der Chopin'schen Musik bewegt sich auf dem Untergrunde des schwermüthigen slavischen National-Charakters (den Polen zumal, durch die schmerzlichen, vaterländischen Schicksale eigen), verbunden mit dem originalen, sensitiven Charakter der Seele des Künstlers selbst. „Chopin war eine comprimirt leidenschaftliche, überschwellend nervöse Natur, er mässigte sich, ohne sich

---

*) Schopenhauer, a. a. O. Bd. I. S. 308.

zähmen zu können und begann jeden Morgen von Neuem die schwierige Aufgabe, seinem aufwallenden Zorn, seinem glühenden Hass, seiner unendlichen Liebe, seinem zuckenden Schmerz, seiner fieberhaften Erregung Schweigen aufzuerlegen und sie durch eine Art geistigen Rausches hinzuhalten, in den er sich versenkte, um durch seine Träume eine zauberische, feenhafte Welt heraufzubeschwören, in ihr zu leben und ein schmerzliches Glück zu finden, indem er sie in seine Kunst bannte".*) Begabt mit einer glühenden Seele und krankhaftem Organismus empfindet er jeden Zug der Freude und des Wehes stärker und eigenartiger als ein anderer und sich darum oft sonderbar, bald pikant, bald excentrisch, bald grell gefärbt, bald im Trauerflor eingehüllt, ausdrückt. So erklärt es sich, dass die Musik — insofern die Phantasie des Künstlers unter dem Einflusse der inneren Stimmung schafft — innere Gefühle auszudrücken vermag, und dass sie in dem Zuhörer Stimmungen von sehr bestimmter Färbung wecken kann.

Nun können aber die Töne auf dem Grunde der Association, bis zu einem gewissen Punkte auch bestimmte Reihen von Vorstellungen in uns hervorrufen. Nicht nur dass die Stimmung selbst das Resultat von bestimmten Reihen von Vorstellungen ist, welche durch die Musik im Bewusstsein erweckt werden können, sondern auch die Möglichkeit der Tonmalerei dient dazu. Wir können durch Töne das Hörbare, onomatopoetisch, naturalistisch getreu oder nur annäherungsweise nachahmen (so z. B. das Donnerrollen, das Wachtelschlagen, das Rollen eines Steines [wie in Fidelio] u. dgl. m.) und in dieser Reihe die entsprechenden Vorstellungen im Bewusstsein hervorrufen.

Ferner können wir auch sichtbare Vorstellungen durch Tonmalerei nachahmen, so z. B. den Zweikampf in Don Juan: das wechselnde, rasche Aufsteigen der Geigen und der Bässe versinnlicht die wechselnden Ausfälle der Kämpfenden. In diesem Falle symbolisirt das Hörbare das Sichtbare, ebenso wie wir im Allgemeinen die Zustände des Gemüthslebens symbolisiren können: z. B. ein Larghetto ertönt in schmachtenden Klängen der A-Seite des Violoncelles, niemand zweifelt, hier

---

*) Liesst's Worte, angeführt aus Brendel's Geschichte der Musik. (5. Auflage 1875.) S. 490.

handle es sich um Liebe; choralartig gedehnte Melodie, Es-dur, Posaunen, ist Andacht u. s. w.*)

Aus dieser Möglichkeit Reihen von bestimmten Vorstellungen durch die Musik zu erwecken, die in mittelbarer Verbindung mit dem Tonstücke selbst sich befinden, lässt sich die Möglichkeit einer **dichterischen Musik** — also eines **poetischen Elements** des Musikalisch-Schönen — erklären, welche sich als eine Aufgabe der neueren musikalischen Richtung in den neuesten Tonschöpfungen offenbart und die, in den „**symphonischen Dichtungen**" eines **Liszt**, schon zum vollsten Bewusstsein ihres Zieles und ihrer Mittel gelangt ist. „Es ist die Entwickelung von der Seele zum Geist hin, von einer Musik der Seele zu einer Kunst des Geistes", meint Brendel in seiner Geschichte der Musik.**)

Psychologisch gründen sich alle diese Thatsachen auf die Gesetze der **Association**, und das poetische Element der Musik kann als **indirecter geistiger Factor** des Musikalisch-Schönen bezeichnet werden. Die Zustände des inneren Lebens, welche durch die Musik ausgedrückt und in dem Zuschauer erweckt werden können, bilden aber nicht die Schönheit, sie erweitern nur das Gebiet und erhöhen den ästhetischen Werth derselben, indem sie die Musik in eine engere Verbindung mit dem geistigen Leben bringen. „Schön" ist ein musikalisches Kunstwerk aus dieser Hinsicht nur, indem es das Poetische und das Musikalische im **Einklang** mit einander vorbringt und zugleich die Grenzen der Musik nicht übersteigt, d. h. nicht zu weit mit der conventionellen Bedeutung geht, und insofern es die Gesetze der objectiven Formen (Harmonie, Rhythmus und Melodie) nicht verletzt. **Eben dieser Einklang der bildenden Elemente befriedigt unser ästhetisches Gemüth.**

Folglich kann das Musikalisch-Schöne als Einklang der akustischen Formverhältnisse untereinander und mit den entsprechenden subjectiven Zuständen unseres Gemüthslebens, als welches es befähigt ist, das Ohr zu vergnügen, das Herz

---

*) W. A. Ambros: Die Grenzen der Poesie und der Musik. (2. Auflage 1872.) S. 73.

**) Franz Brendel, Geschichte der Musik in Italien, Deutschland und Frankreich. (5. Auflage 1875.) S. 571.

zu rühren, den Verstand in angenehme Thätigkeit zu versetzen und die Einbildungskraft mit mannigfaltigen Vorstellungen zu beleben, definirt werden.

### Die Schönheit der bildenden Kunst.

Die bildenden Künste stehen in der Mitte der Reihe zwischen Architektur und Musik einerseits und Poesie andererseits. Hier stehen **Form** und **Inhalt** im Gleichgewicht, sind von gleicher Bedeutung und durchdringen sich so, dass man die bildende Schönheit von zwei verschiedenen Seiten betrachten kann: die Idealisten meinen, sie bestehe in der Darstellung der Ideen, und die Formalisten, in der Behandlung der Formen: in Wirklichkeit aber sind beide fast untrennbare Elemente der gesammten bildenden Schönheit.

Ein weiterer Unterschied der bildenden Kunst von den erwähnten Künsten besteht darin, dass, indem die Musik und Architektur keine Vorbilder in der äusseren Natur finden, so dass sie aus derselben nur die Elemente entlehnt haben, sonst eine reine subjective Creation sind, die bildende Kunst hingegen ihre Muster in der Natur findet. Mensch und Thier, Landschaften u. s. w. bietet auch die Natur dar. Fragen wir nun, in welchem Verhältnisse stehen diese Künste zur Natur, so finden wir, dass gerade das Moment der **Idee** hier einen Unterschied bedingt. Denken wir uns gegenüber der **Diana Colonna**\*): Die Statue stellt uns eine schöne Frau dar, welche wir vielleicht auch in der Natur finden möchten; die schöne, edle Behandlung des Kopfes, der Glieder, des Kleides u. s. w. stellt uns eine plastische Schönheit im engeren Sinne, d. i. eine Verfeinerung der Formen, vor. Nun ist diese Frau kein Porträt der Ruhe, sondern sie ist in einem Augenblicke der Action gebildet, sie ist nach ihrer ganzen Haltung Bewegung des Gebens, in den Zügen ihres Gesichts lesen wir die Ausdrucksbewegungen der Milde, der Bereitfertigkeit zur Hülfe, ihr Schritt ist bestimmt, schnell, aber nicht ohne Würde. So versuchen wir — statt bloss eine schöne Frau in ihr zu betrachten — uns zugleich die Bedeutung ihrer Bewegung und ihres Ausdrucks zu erklären. Dafür kommt uns das geschichtliche Element (dem

---

\*) Berlin. Altes Museum, Sculpturengallerie. No. 126.

antiken Zuschauer kamen seine religiöse Ideen und Kenntnisse) zu Hülfe, und nach den symbolischen Hinzufügungen und nach ihren Ausdrucksbewegungen sehen wir in dieser Frau nicht mehr eine einfache Frau, sondern eine Göttin, nämlich "$Ἄρτεμις$, wahrscheinlich in ihrer besonderen Bedeutung als „$Εἰλείϑυια$". Diese Ideen entstehen in uns durch Vermittelung der Formcombinationen, insofern diese objectiven Formen in einem solchen natürlichen Verhältnisse mit den entsprechenden Ideen stehen, dass die einen zur Symbolisirung der anderen dienen können. Jetzt ist es klar für uns, warum diese Frau nicht mehr eine blosse Nachahmung der Naturbilder ist, sondern eine freie Behandlung derselben nach der Phantasie des Künstlers. Aber wir finden noch mehr: nämlich, dass die Veränderungen, welche er in den natürlichen Zügen und Bewegungen eingeführt hat, durch seine Ideen motivirt sind; er wollte nämlich durch die Betrachtung der Form eben diese Ideen in uns entstehen lassen, er hat das geheime Verhältniss zwischen bestimmten Formen und entprechenden Ideen gefunden, mithin hat er die Form **idealistisch** behandelt. Ein Apollo von Belvedère, eine Juno Ludovisi, ein Zeus von Otricoli, eine sixtinische Madonna u. s. w. sind keine wirkliche Nachahmungen der Natur, sondern **Idealisirungen der Wirklichkeit. Die Kunst idealisirt die Natur**, d. h. sie verkörpert in den objectiven Formen **Ideen**, wie Divinität, Liebe, männliche Kraft, athletische Vollendung u. s. w., und diese Ideen sind der geistige subjective Factor der bildenden Schönheit.

Vergleichen wir nun dies z. B. mit der ägyptischen Kunst: Da finden wir auch in der **Plastik** das Streben nach der **Idealisirung**; aber die verhältnissmässig ärmere Phantasie dieses Volkes findet bloss in dem **Erhabenen** eine Exemplificirung seiner Ideen der Gottheit. Die subjective Unterwürfigkeit des Volkes stellt sich in dem Mangel an individueller Freiheit und Selbständigkeit in seiner Kunst dar. Ebenso in der ägyptischen Malerei finden wir z. B. die Formen der Race mit einer merkwürdigen, treuen Wiedergabe der Natur dargestellt, aber es kommen immer dieselben Formen in derselben Weise behandelt mit einem auffallenden Mangel an Einbildungskraft und an Ausdruck des geistigen Lebens vor. Die Farbenharmonie und die Proportionalität der Linien können, bis zu einem gewissen Punkte, uns zufrieden stellen, aber ein höheres ästhetisches Gefühl können diese Kunstwerke in uns nicht erzeugen, weil ihnen die Seele*), d. i. der subjective Factor, fehlt.

Der Unterschied zwischen Plastik und Malerei liegt zunächst in der Verschiedenheit der Darstellungsmittel, welche sie gebrauchen: die eine verbraucht die drei Dimensionen, wo nur sichtbare Formen und Linien vorkommen; die andere Farben, Licht und Schatten und Perspective. Damit aber hängt zusammen: 1. die Verschiedenheit ihrer Gebiete, während die Sculptur den Gesetzen der Schwere untergeordnet, sich mehr auf Darstellungen der Formen des Körpers und besonders des menschlichen Körpers begrenzen soll, umfasst die Malerei die ganze Natur in ihrem Gebiete; 2. aber, indem die Plastik auf die volle Schönheit des Körpers hingewiesen wird, deren erste Bedingung Nacktheit und höchstens die Annahme einer Gewandung wie die antike, die den Körper mehr verräth als verhüllt, ist; also, indem sie mit derselben Aufmerksamkeit die Gesammtheit des Körpers behandeln muss, steht ihr eine geringere Möglichkeit zur Verfügung, den seelenvollen Ausdruck des Geistes zu behandeln: sie wird sich mehr mit Schilderungen der äusseren Zustände und des Handelns, als mit denen des inneren Lebens beschäftigen. Dagegen ermöglicht der Gebrauch der Farben und des Lichtes der Malerei den charakteristischen Ausdruck der leidenschaftlichen Bewegung des Moments in den Zügen des Gesichts zu versinnlichen. Die Gewandung kann den Körper vollständig verhüllen, aber einerseits durch das Spiel der Farben und des Lichts und durch die Bewegungen der Falten eine neue Quelle der ästhetischen Genüsse bereiten, andererseits dem Künstler die Möglichkeit darbieten, sein ganzes künstlerisches Geschick an der Darstellung des Gesichts anzuwenden.

So erklärt sich, dass diese zwei Kunstarten in zwei verschiedenen, weit von einander entfernten Epochen ihre Blüthe gefunden haben: die Sculptur im Alterthum bei den Griechen, die eine monistische Anschauung von der Welt und von dem Menschen hatten, bei denen noch keine Kluft zwischen Natur und Geist vorhanden war; die Malerei, mit der Entwickelung der christlichen dualistischen Weltauffassung, der zufolge die

---

*) Vergl. Revue politique et litteraire. (IV$^{me}$ année, II$^{me}$ série, No. 37. Paris 1875.) „Memphis et l'art égyptien" par Emile Gebhart.

körperliche Schönheit als etwas Gefährliches und Gleichgültiges betrachtet wird und wodurch das innere Leben des Gemüths den ersten Rang erhielt. In beiden Fällen ist die Schönheit eine zusammengesetzte, nur, dass die Malerei die Sculptur in der Möglichkeit, das innere Leben auszudrücken, übertrifft und ein grösserer Umfang der Darstellung ihr zur Verfügung steht: so haben wir Historienmalerei, Genrebild. Landschaft, Fruchtstück, Blumenstück, Stillleben u. s. w. — Welche sind nun **insbesondere** die Factoren dieser **Zusammensetzung?**

### a) Factoren der plastischen Schönheit.

Die Geschichte der Kunst zeigt uns die Plastik in den ersten Anfängen, die sich in dem Dunkel der Urzeit verlieren, als Darstellung **formloser Gedächtnisszeichen** erscheinen, als ein der Nachwelt überliefertes Andenken an Personen und Ereignisse, also als eine **symbolische Darstellung.** Derartig sind die Monolithen Asiens, Afrika's und Amerika's, die keltischen Steinpfeiler der Bretagne u. s. w. Unter den Culturvölkern, bei den Aegyptern, Indern, Medopersern u. s. w., in der ganzen sog. orientalischen Civilisation finden wir die Plastik in enger Beziehung zur Architektur und dies erklärt die architektonisch symmetrische Behandlung der Linien und Züge, also den **ornamentalen Charakter** ihrer Plastik. Ferner ist in der orientalischen Kunst die körperliche Form nur als solche behandelt; von einem Ausdruck des Geistes weiss sie nichts: Mund und Augen bleiben starr und ohne Ausdruck. Gewandung ohne freie Bewegung. Zur Veranschaulichung der geistigen, religiösen Ideen gebrauchen diese Völker die conventionelle, **symbolische Form**, d. i. Häufung von Gliedern, Köpfen und Armen bei den Indern, Mischung von Thier- und Menschengestalt bei den Aegyptern und bei den Assyrern u. s. w.

Eine eigentliche künstlerische Plastik findet sich erst bei den **Griechen.** Die conventionelle symbolische Anschauung des Orients war ein Hinderniss der Schönheit; bei den Griechen finden wir zuerst die Anschauung des Irdischen als Ausdruck der Gottheit und damit die Idealisirung der Formen zum Ausdruck des Geistigen, durch ihre natürlichen Verhältnisse; also eine **natürliche Symbolisirung** statt einer conventionellen. In ihren Anfängen steht auch die griechische Kunst unter dem Einfluss des Orients, nur allmählich emancipirt sie sich von den asiatischen Einwirkungen, und erst mit dem VI. Jahrhunderte beginnt die eigentliche statuarische Kunst. Nun in der Blüthenperiode der griechischen Plastik finden wir zwei wesentliche Richtungen, in denen diese Kunst sich entwickelt: 1. die **ideale** Behandlung der Formen, sowohl in Gestalt als auch in Bewegungen, in der **Attischen Schule**, deren bedeutendste Vertreter **Phidias, Skopas** und **Praxiteles** sind; 2. die **realistische** Behandlung derselben: zarten Fluss der Formen und geeignetes Ebenmaass der Verhältnisse, in der **Schule vom Peloponnes**, deren Hauptvertreter **Polykletos** (der Erfinder des **Kanons**) ist, und welche Richtung in ihrem Streben nach Charakteristischem später mehr und mehr sich dem **Naturalismus** nähert und von Kanon sich entfernt (**Lysippos**). Aber einerseits ist die ideale Behandlung der Formen nothwendigerweise an die formale Vollendung gebunden, — und dies bildet einen charakteristischen Zug der athenischen Schule; — andererseits bewegt sich der argivische Realismus — insofern er nach allgemeinen Charaktertypen strebt — immer auf einem idealen geistigen Grunde.

So zeigt uns die geschichtliche Vollendung der Kunst als wesentliche Factoren der plastischen Schönheit: 1. **formale Vollendung**, d. i. harmonische Verhältnisse der Linien und Körperformen, Proportionalität der Theile, Anmuth der Bewegungen u. s. w.; 2. **geistige ideale Bedeutung** dieser Formen durch dieselben versinnlicht, welche einem Zeus von Otricoli einen höheren ästhetischen Werth als einer ägyptischen Herrscherstatue giebt. Endlich zeigt uns die Geschichte der Kunst, dass nur in dem Durchdringen und in der Harmonie der beiden Factoren das Geheimniss der plastischen Schönheit liegt.

### b) Die Factoren der malerischen Schönheit.

Dieselben Factoren finden wir auch in der malerischen Schönheit, freilich aber modificirt nach der Verschiedenheit der Natur des verbrauchten Stoffes. 1. Als wesentliche objective Factoren bietet uns die Anschauung eines Gemäldes dar: die Harmonie der Farben, die einheitliche Mannigfaltigkeit im Spiele der Lichtstrahlen, die naturalistisch correcte Behandlung der Perspective und der Zeichnung, die zugleich in Uebereinstimmung mit unseren Idealen der Vollkommenheit und Correctheit stehen müssen; endlich eine harmonische, natürliche und charakteristische Gruppirung der Theile. 2. Als ein ebenso wesentliches Moment der malerischen Schönheit kommt nothwendigerweise auch der subjective Factor in Betracht, nämlich, ob diese objectiven Formen im Einklang mit dem inneren Leben, d. i. mit ihrer geistigen Bedeutung stehen. So muss z. B. das Colorit der dargestellten Handlung angemessen sein: heitere Festscenen erheischen ein frischeres Colorit — ein düsteres, verhängnissvolles Ereigniss dagegen fordert einen dunkleren Farbenton.*) Ferner Colorit und Zeichnung zusammen sollen als eine vollendete charakteristische Objectivirung eines subjectiven idealen Inhalts gelten, so weit es die Natur der dargestellten Gegenstände verlangt u. s. f. Die Schönheit der objectiven Formen bedarf einer Beseelung derselben von Innen heraus, um unser Gemüth von allen Seiten zu fesseln. In dieser Weise ergiebt sich die Möglichkeit einer Verschmelzung des einseitigen Naturalismus und Idealismus in einen **geläuterten Realismus**, nach welchem das höchste Ziel der Kunst in der Darstellung der **ideal angeschauten** Wirklichkeit steht.

Alle diese Factoren -- deren harmonische Verbindung das **höchste Ideal** der malerischen Schönheit bildet -- sind das Resultat einer allmählichen geschichtlichen Entwickelung. Jeder von ihnen hat seine besondere Blüthe-Epoche gehabt, in der er mit genialen Kräften behandelt worden ist. So gehört das Colorit vor allem der venetianischen Schule an; die geniale Behandlung der Lichtstrahlen der holländischen und flamändischen Schule, diejenige des Ausdrucksvollen dem Raphael, die correcte Zeichnung besonders denjenigen Schulen, welche sich unter dem Einflusse der Werke des classischen Alterthums entwickelt haben u. s. w. Die unsterblichen Werke der Malerei zeigen uns immer die Vorzüge eines einzigen von diesen Factoren, der die anderen beherrscht und durch welchen sie besonders gekennzeichnet werden; — und so mächtig ist ihre ästhetische Kraft, dass die geniale Behandlung eines einzigen Factors genügt, um solche Werke zu schaffen, die unsere ewige Bewunderung zu erwecken vermögen.

Ist es nun möglich, alle diese Factoren, mit einer gleichen Virtuosität behandelt, in einer harmonischen Einheit zu verschmelzen, was bis jetzt das verunglückte Streben der Eklektiker

---

*) Siehe Nahlowsky. Das Gefühlsleben. Leipzig 1862. S. 221.

gewesen ist, oder stossen wir hier auf unüberwindliche Grenzen der Natur der Kunst selbst, d. h. haben wir es vielleicht mit einem verschiedenen Kunstgenre zu thun? — Das lässt sich theoretisch von vornherein nicht entscheiden, sondern liegt in den Geheimnissen der Zukunft verborgen. Die zukünftige Erfahrung wird es bestätigen oder verneinen.

### Das Poetisch-Schöne.

Das Poetisch-Schöne ist ein Product der Phantasie und des Gemüths, ebenso wie alle anderen Gattungen des Kunstschönen; es unterscheidet sich aber von den anderen durch seinen reinen subjectiven Charakter. Sein ästhetischer Stoff ist das **innere geistige Leben**; nicht das, was der Mensch objectiv ist, sondern was er denkt und fühlt, sein individueller Charakter, sein Leiden und seine Freude kommen in der Poesie zur Darstellung. Eben deshalb sagt man mit Recht, dass der eigentliche ästhetische Stoff (Material) der Poesie die **inneren Bilder oder Vorstellungen** sind — in denen sich das geistige Leben abspiegelt. Das gesprochene **Wort** ist nur das Mittel, um die entsprechenden Vorstellungen in unserem Bewusstsein wach zu rufen und dadurch die Phantasie und das Gemüth in Bewegung zu setzen. Ohne Thätigkeit der Phantasie ist die lebendige Erregung der inneren Bilder unmöglich, desshalb wendet sich die Poesie zunächst unmittelbar an die Einbildungskraft und nur mittelbar an das Gemüth; und eben dadurch wird sie auch eine **Kunst der Phantasie insbesondere** genannt und mit den Productionen der Phantasie im Allgemeinen verwechselt. Aus dem aber, was wir früher über die Entstehung der Ideale gesagt haben, folgt, dass nicht Alles, was ein Product der Phantasie ist, auch Dichtung sein muss, aber alle Poesie soll ein Product der Phantasie sein. Die Phantasie combinirt die Vorstellungen und diese Combination ist ebenso wohl, wie alle anderen ästhetischen Zusammensetzungen, gewissen ästhetischen Principien, theils aus der Natur des psychischen Lebens, theils aus der Natur des sinnlichen Stoffes hervorgehend, unterworfen.

Nicht gerade das, was die inneren Bilder bedeuten, erzeugt die wahre ästhetische Bewegung des Gemüthes (das haben wir schon früher in dem II. Theil, II. Cap. erwähnt), sondern die **Form der Verbindung und des Zusammenhanges** dieser inneren Bilder, die **Harmonie der Gedanken und Gefühle** erregt und

## II. Systematischer Theil. 77

erhöhet unser Gemüth und bildet das wahre Poetisch-Schöne, dessen bedeutendster Charakter „die Einheit in der Mannigfaltigkeit" ist. Je mannigfaltigere Gedanken in uns ein Gedicht erzeugen kann und je harmonischer und natürlicher diese Gedanken miteinander zusammenhängen, desto tiefer ist unsere Gemüthsbewegung, desto schöner das Werk. Freilich ist diese Harmonie nur das allgemeinste Princip, welches nach den besonderen Gattungen des Poetischen in Lyrik, Epos und Drama verschiedene Anwendungen finden kann, je nachdem es sich entweder um einen Conflict der Gedanken oder der Charaktere, entweder um innere subjective Empfindungen der menschlichen Seele oder um äussere objective Verhältnisse des menschlichen Lebens sich handelt. Allein die Verfolgung dieser Anwendungen gehört der speciellen Kunsttheorie an, hier lag es in unserer Absicht, nur den allgemeinsten Charakter des Poetisch-Schönen hervorzuheben.

Das Mittel, durch welches diese inneren Combinationen von Vorstellungen mitgetheilt werden können, ist das Wort, dies ist so zu sagen der sinnliche Stoff der Poesie oder ihr Darstellungsmittel. „Dem Dichter ist die Sprache Darstellungsmittel — meint Zeising — sie hat also für ihn ganz dieselbe Bedeutung, wie die übrigen Stoffe für die übigen Künstler. Es genügt ihm nicht, sie nur als Transportmittel für seine Ideen zu benutzen, sondern er will seine Ideen in ihr zur lebendigen Erscheinung bringen."*) Die Sprache der Poesie bedarf also einer ähnlichen Berücksichtigung von Seiten des Dichters, wie die Gedanken selbst. Das Wort enthält an sich zwei untrennbare Elemente: erstens ist es ein Symbol für Gedanken; zweitens ist es ein Klang.

1. Als Symbol (Zeichen) ist die Sprache der Poesie gewissen formalen Principien der Rhetorik unterworfen. Denn die Sprache im Allgemeinen drückt nur Begriffe aus. Im Anfange war sie auch, wenigstens theilweise, symbolisch, aber mit der Entwickelung der Cultur erlischt die Erinnerung daran und das Symbol wird ein blosses Zeichen für Begriffe. Die Poesie im Gegentheil bedarf der Entstehung von lebendigen Bildern, und dazu kann sie nur durch rhetorische Figuren, durch Auswahl

---

\*) Zeising's Worte, angeführt aus Carrière's Aesthetik (1859). II. Bd. S. 463.

der Wörter und durch den Gebrauch einer Sprachform verschieden von der Sprache der Wissenschaft (Prosa), nämlich durch den Vers gelangen.

2. Als Klang kann ferner das Wort im Vers musikalisch behandelt werden, nach der Kürze und Länge der Sylben, nämlich nach der Dauer des Verweilens auf ihnen, die entweder durch den Accent (Betonung) — wie z. B. in der deutschen Poesie — oder durch die Zeit, welche man physisch auf ihre Aussprache verwenden muss — wie in der classischen Poesie, Lateinisch und Griechisch — bedingt wird. Daraus können verschiedene Combinationen der Sylben entstehen, welche eine einfache, wohlgefällige Musik für das Ohr bilden und welche für sich allein eine musikalische Schönheit besitzen. Aber dies ist nur eine Hülle für den wahren Kern der Poesie, ein Element der Steigerung des ästhetischen Vergnügens; das wahre poetische Vergnügen besteht in der Bewegung der Vorstellungen oder Bilder, die in unserem Bewusstsein entstehen. So finden wir hier die zwei Elemente des Schönen leicht trennbar von einander: einerseits die geistige ideelle Schönheit des Inhalts, andererseits die objective formale Schönheit des sinnlichen Stoffes; und noch mehr: von diesen beiden finden wir das subjective Moment vorherrschend, so dass für unsere Analyse des Schönheitsbegriffes die Poesie uns eine Art Vergrösserung eines einzigen Theils darstellt, nämlich des subjectiven, ebenso wie andererseits in der Architektur und Musik eine Vergrösserung des objectiven formalen Elements des Schönen gefunden worden ist.

Aber auch hier sind diese zwei Elemente nicht von einander unabhängig, sondern dem „Princip der Einheit" unterworfen. Es bestehen bestimmte Verhältnisse zwischen der objectiven Form, als Musik und zwischen dem subjectiven Inhalte, als Gefühlsdarstellung: die Bewegungen der Sprache (Rhythmus) entsprechen den Bewegungen der Gefühle, gerade wie in der Musik. So haben wir z. B. eine aufsteigende Weise des Tonfalls im Jambus (- -), eine absinkende im Trochäus (- -) und eine von neutralem Charakter im Spondeus (- -), wodurch auch sein Zusammensein mit Jamben und Trochäen bedingt wird; ferner eine raschere Bewegung im Anapäst (- - -) und Daktylus (- - -). Eben darum ist der Jambus der Vers des Strebens, des Dranges nach einem Ziel, der Vers der That, des Dramas; hingegen ist der trochäische Charakter im Wechsel zwischen dem ruhigen Spondeus und dem flüchtigen Daktylus beschaulicher Art und eignet sich darum vorzugsweise für die Poesie der Anschauung, für das Epos.*)

## III.
## Schluss.

Am Schlusse wollen wir nun die Hauptresultate unserer Untersuchung hier kurz wieder zusammenfassen.

So wie schon in dem einleitenden Theile gezeigt wurde, bestand der Fehler der früheren Aesthetik darin, dass sie entweder bloss die subjective oder bloss die objective Seite des Schönen betonte. Die spätere Aesthetik beging einen anderen Irrthum, indem sie, unter dem Namen des Ideal-Realismus, die zwei entgegengesetzten Richtungen durch ihre absolute Verbindung zu versöhnen strebte, stillschweigend von dem, aus dem philosophischen Ideal-Realismus herrührenden monistischen Grundgedanken ausgehend, dass, wie in der Natur Kraft und Stoff, Geist und Materie zwei untrennbare Seiten eines Ganzen sind, so auch in der Aesthetik Form (Stoff) und Inhalt (Idealmoment) untrennbar sind. Auf diese Weise wollte man (mit wenigen Ausnahmen wie Köstlin und Fechner) den rein formalen Künsten eine ideale Bedeutung hinzufügen und das Gefallen an Formen immer aus idealen Momenten erklären. Aber dieses Ideal wurde sehr oft bloss durch Zwang einzuführen möglich, und so erklärt sich, warum in der heutigen Aesthetik der Versuch zur Versöhnung beider Richtungen bis jetzt zu keinem allgemein gültigen Resultate geführt hat.

Wir haben uns mit dem Ideal-Realismus selbst, als allgemeines philosophisches Princip nicht zu beschäftigen; aber was seine Anwendung auf dem ästhetischen Gebiete betrifft, haben wir vom Anfang an die Bemerkung gemacht, dass nur, indem man in der Erfahrung seinen Ausgangspunkt nimmt und von ihr bis zu den höchsten Principien aufsteigt, eine

---

*) Carrière, Aesthetik, Band II., S. 476.

wissenschaftliche Auflösung des Problems möglich sei; nicht aber umgekehrt. Der umgekehrte Weg wird nur dann möglich, wenn schon die höchsten Kategorien der Wissenschaft gefunden worden sind und man von diesen zur Erfahrung, nur um die Theorie zu bewähren, geht. Demgemäss haben wir in dieser Untersuchung, von den metaphysischen Kategorien, soviel es möglich war, abstrahirend, die **äussere** und **innere** Erfahrung selbst **analytisch** gefragt und die Genesis des **Schönheitsbegriffs** und seine Objectivirung in der Kunst und Natur verfolgt. Auf diese Weise gelangten wir zu den folgenden Resultaten:

1. Dass das objectiv formale Element des Schönen für sich allein einen ästhetischen Werth besitzt und als schön betrachtet werden kann: dass viele Gegenstände der Natur bloss durch ihre objectiven Formverhältnisse uns die Gelegenheit zu ästhetischen Genüssen liefern, und dass kein Grund vorliege, warum diese nicht als schön angesehen werden dürften, wenn schon die Erfahrung und das Experiment dies hinreichend beweisen. Noch mehr: dass dieses Formal-Element für sich selbständige Künste bilden kann, wie die Architektur, die schöne Gartenkunst u. s. f., wo das Moment der Formen sich vorherrschend zeigt und die ideelle Bedeutung nur einen sehr geringen ästhetischen Werth besitzen kann;

2. dass der Grad der ästhetischen Genüsse in einem bedeutenden Maasse steigt, wenn diese objectiven Formen so eingerichtet sind, dass sie in Verbindung mit gewissen **Ideen** stehen und als ein Symbol derselben gelten können. In diesem Falle, durch den Eindruck der objectiven Formen, werden diese **Ideen** im Bewusstsein erweckt und damit eine Zusammensetzung von einfachen ästhetischen Gefühlen und religiösen oder moralischen Affecten u. s. w., welche die höheren ästhetischen Gefühle bilden, zu Stande gebracht. Wir nannten diesen ideellen Factor, weil er zugleich auf associativen Verbindungen beruht, den **subjectiven**, associirten oder **indirecten Factor** im Unterschiede von dem **directen Factor** (d. h. den objectiven Formen), und wir haben gefunden, dass es bestimmte Künste giebt, deren höherer ästhetischer Werth eben in dem Vorhandensein dieses subjectiven Factors besteht. Ferner, dass es nicht das subjective Element selbst ist, sondern die **Art**, wie die **Harmonie** zwischen den objectiven und subjectiven Elementen

## III. Schluss.

hergestellt wird, durch welche die höheren ästhetischen Genüsse bewirkt werden können.

In Anbetracht dieser Gründe nehmen wir zwei Formen für das Schöne an:

I. **Eine niedere Form**, den einfachen ästhetischen Gefühlen entsprechend — das **Formal-Schöne** — bei welcher wir keine Veranschaulichung der Ideen suchen müssen, weil es keine giebt, und welche zugleich **die Grundform aller ästhetischen Genüsse bildet**.

II. **Eine höhere Form des Schönen**, den höheren ästhetischen Gefühlen entsprechend, welche aus der Grundform (d. i. aus objectiven Formverhältnissen) und aus Verhältnissen derselben zu einem **Ideal-Gehalte** zusammengesetzt ist; wo also die **objectiven Formen mit Ideen in Verbindung stehen müssen**.

In beiden Fällen bilden die Formverhältnisse die Grundlage des Schönen. Die Geschichte der Cultur zeigt uns zwar, dass diese Formen und ihre subjective Bedeutung in verschiedenen Zeiten und bei verschiedenen Völkern sehr veränderlich waren; die Entwickelungsgesetze treiben den Menschen immer weiter, so dass fast seine ganze Auffassung von der umgebenden Welt mit der Zeit verändert wird; aber einerseits bewegt sich diese Veränderlichkeit nur unter gewissen bestimmbaren Grenzen, und diese sind in dem vorliegenden Falle die **ästhetischen Gesetze**; andererseits, trotz dieser Veränderlichkeit, bleibt doch immer der **Grundcharakter des Schönheitsbegriffs**: „**das Verhältniss der Formen**".

## Lebensbeschreibung.

Der Verfasser — Constantin D. Dimitresco — ist am 25. Februar 1849 zu Jassy in Rumänien geboren und bekennt sich zur griechisch-katholischen Confession. Nachdem derselbe in der öffentlichen Schule den elementaren Unterricht genossen hatte, vollendete er seine Gymnasialstudien im National-Lyceum zu Jassy. Darauf widmete er sich vom 1. October 1867 bis 1870 dem Studium der Philosophie an der Universität Jassy. Von 1870 bis 1875 unterrichtete er als Professor der Pädagogik zu Jassy, dann als Professor der Weltgeschichte in den oberen Classen am Lyceum zu Botoschani und endlich als Professor der Philosophie am Lyceum zu Bârlad. Im Frühling 1875 wurde derselbe von dem hohen Ministerium des Cultus und des öffentlichen Unterrichts beurlaubt, um sich nach Deutschland zu begeben und seine philosophischen Studien weiter zu vervollständigen. Demnächst begab er sich nach Berlin, wo er zwei Semester hindurch die Vorlesungen der Herren Professoren Ernst Curtius, Harms, Lazarus, Lepsius, Du Bois-Reymond, Steinthal, Wagner, Zeller u. a. an der dortigen Universität hörte.

Hierauf kam er nach Leipzig und bezog die daselbst befindliche Universität, wo er während drei Semester philosophische, pädagogische und volkswirthschaftliche Vorlesungen bei den Herren Professoren Georg Curtius, Drobisch, Heinze, Heubner, Leuckart, Reclam, Roscher, Strümpell, Wenzel, Wundt und Ziller besuchte und zugleich die vorliegende Dissertation verfasst hat.

Allen diesen Herren, seinen hochverehrten Lehrern, spricht Verfasser hiermit seinen aufrichtigsten Dank aus.

---

Druck von C. H. Schulze in Grafenhainichen.